ビジュアル版 介護予防マニュアル 3

楽しく続ける

認知症予防のアクティビティ

財団法人 東京都高齢者研究・福祉振興財団／監修

東京都老人総合研究所
自立促進と介護予防研究チーム
認知症介入研究グループ 主任研究員
矢冨直美／著

【はじめに】

　「認知症」という言葉を聞いて、元気な高齢者ほど、自分には関係のないことと思うかもしれませんが、さまざまな報告より、認知症になりやすい軽度認知障害の人たちは地域の高齢者の2～3割を占めることが分かっています。

　最近の研究から認知症はどうしようもない病気でなく、予防の可能性がいろいろな面で明らかになってきています。

　認知症は、元気なうちから予防活動に励むことで、その発症をかなり遅らせることができるのです。認知症発症前の「軽度認知障害」の段階では、①エピソード記憶、②注意分割、③思考力（主として計画力）という3つの認知的機能の低下が確認されています。これら3つの機能を鍛えることに加えて、認知症予防に効果の認められている「有酸素運動」に取り組むことで、認知症の発症を先送りすることができる可能性が高いのです。

　本書は、それぞれの機能を向上させるためのアクティビティを多数掲載しています。施設や教室において、友人と一緒にまたは自宅で一人で、さまざまなシーンで楽しく認知症予防のアクティビティを活用していただければ、と願っております。

矢冨直美
東京都老人総合研究所
自立促進と介護予防研究チーム 認知症介入研究グループ 主任研究員

【本書の特長と使い方】

本シリーズは、介護予防について豊富なデータと実績を誇る東京都老人総合研究所が編著に関わった、本格的な『介護予防マニュアル』です。財団法人 東京都高齢者研究・福祉振興財団によるベストセラー『介護予防完全マニュアル』『続・介護予防完全マニュアル』をテーマごとに分かりやすくビジュアル化し、すぐに介護予防プログラムの実施に移行できる構成をとっています。

本書では、要介護の大きな原因となっている"認知症"に焦点を当て、「最新の研究成果に基づいた」「楽しく続けられる」「集団ではもちろん、自宅で一人でも取り組める」具体的な介護予防のための認知症予防アクティビティを多数掲載しています。

今後、"予防"重視となる介護保険に対応していくために、介護に関わる全ての方に役立つ内容となっています。

■ 楽しく続けるために ■

①認知症予防との関連が認められる3機能と有酸素運動をアクティビティに！
- 「認知症予防に効果がある」との研究結果が出ている3機能「エピソード記憶」「注意分割（機能）」「計画力（思考力）」と、「有酸素運動」をアクティビティに生かし、認知症予防活動の一つの方法として提案しています。

②本書ではそれぞれのアクティビティを「訓練型」と「目的型」に分けて提案しています
- アクティビティの「訓練型」は普段自分からなかなか取り組むことのない一人で一生懸命する試み、「目的型」は日常生活での継続した取り組みを期待しての提案、とするなど工夫しています。

③ただのアクティビティ集ではなく「介護予防プログラム」として自由に組み換え可能！
- 序章「認知症予防プログラムの流れ（案）」（P6）を参照して、第1章から第4章までのアクティビティを自由に選び出し、独自の認知症予防プログラムを組んでみてはいかがでしょうか？

④認知症予防活動における集団用認知検査「ファイブ・コグ」の勧め
- 集団用認知検査「ファイブ・コグ」について、その説明と用紙フォーマットを掲載しています。これは「加齢関連認知低下（AACD）」をスクリーニングするツールとして東京都老人総合研究所と筑波大学（精神医学）で開発されたもので、認知症予防の効果を評価するためのツールの一つとして使用することができます（詳しくはP9、P90～93に掲載）。

※本書のアクティビティへの基本的な取り組み方として ～もっと上を目指す方法など～
- アクティビティに取り組む原則として、「最初はおよそ6割方ができる感じ。やり続けて、レベルを高めていって9割方までもっていく！」というようなイメージで取り組んでください。
  ※その方の能力に応じて、課題の量を工夫するなどしてみましょう。
- 9割方できるようになったら、困難度を何らかの方法で上げてみても良いでしょう。その場合、アクティビティの困難度を上げる原則としては例えば下記のとおりです。

  ○「エピソード記憶（訓練型アクティビティ）」
  ①覚えてから思い出すまでの時間をのばす、②覚える量を増やす、③覚える内容を難しくする… の3点（※P10参照）。

  ○「エピソード記憶（目的型アクティビティ）」
  ①「『2日遅れ→3日遅れ』のことを書く」など、日をより古く設定する、②「食べ物のこと」と「テレビ番組のこと」など書く内容を増やす、③例えば社会的ニュースに興味のない人が自分の日記に主要ニュースを書くようにするなど覚えにくいことを覚える… の3点（※P12参照）。

  ○「注意分割機能（訓練型アクティビティ）」
  イメージとしては「注意すべきことが増えていく」こと。注意を向ける要素を複合的に、かつ増加させるようにする（※P30参照）。

【目 次】

【序章】 認知症予防アクティビティを始める前に
- ●認知症予防とは……………………………………………………………………5
- ●認知症予防プログラムの流れ（案）……………………………………………6
- ●認知症予防アクティビティの説明………………………………………………8
- ●アクティビティの効果を調べる…………………………………………………9

【第1章】 「エピソード記憶」を鍛える認知症予防アクティビティ
- ●1-1-a 新聞・雑誌記事を記憶しましょう（訓練型アクティビティ）……………10
- ●1-1-b 1日前の日記をつけましょう（目的型アクティビティ）…………………12
- ●1-2-a 単語を記憶しましょう①（訓練型アクティビティ）………………………14
- ●1-2-b 掃除の不十分な箇所を思い出しましょう（目的型アクティビティ）……16
- ●1-3-a 単語を記憶しましょう②（訓練型アクティビティ）………………………18
- ●1-3-b 服装を思い出しましょう（目的型アクティビティ）………………………20
- ●1-4-a 記号を記憶しましょう（訓練型アクティビティ）…………………………22
- ●1-4-b 睡眠状況を思い出しましょう（目的型アクティビティ）…………………24
- ●1-5-a 絵を記憶しましょう（訓練型アクティビティ）……………………………26
- ●1-5-b 食事を思い出しましょう（目的型アクティビティ）………………………28

【第2章】 「注意分割機能」を鍛える認知症予防アクティビティ
- ●2-1-a 文字を早く探し当てましょう①（訓練型アクティビティ）………………30
- ●2-1-b 食品をてきぱきと確認しましょう（目的型アクティビティ）……………32
- ●2-2-a 文字を早く探し当てましょう②（訓練型アクティビティ）………………34
- ●2-2-b 聞き書きを行ないましょう（目的型アクティビティ）……………………36
- ●2-3-a 間違いを早く探し当てましょう（訓練型アクティビティ）………………38
- ●2-3-b 料理を並行して作りましょう（目的型アクティビティ）…………………40
- ●2-4-a 早く正確に記号の判断をしましょう（訓練型アクティビティ）…………42
- ●2-4-b 早く正確に電卓を打ちましょう（目的型アクティビティ）………………44
- ●2-5-a 早く正確に記号を数字に置き換えましょう（訓練型アクティビティ）…46
- ●2-5-b 電話番号を書き留めましょう（目的型アクティビティ）…………………48

【第3章】「計画力（思考力）」を鍛える認知症予防アクティビティ

- ●3-1-a 「散歩ルート地図」テスト（訓練型アクティビティ）……50
- ●3-1-b 目的地までのルートを計画しましょう（目的型アクティビティ）……52
- ●3-2-a 「買い物ルート地図」テスト（訓練型アクティビティ）……54
- ●3-2-b ご近所マップを作りましょう（目的型アクティビティ）……56
- ●3-3-a 「遊園地ルート地図」テスト（訓練型アクティビティ）……58
- ●3-3-b 囲碁・将棋・麻雀を楽しみましょう（目的型アクティビティ）……60
- ●3-4-a 「展覧会ルート地図」テスト（訓練型アクティビティ）……62
- ●3-4-b 家計を計画しましょう（目的型アクティビティ）……64
- ●3-5-a 旅行の計画を立てましょう（訓練型アクティビティ）……66
- ●3-5-b 計画的に収納・整理をしましょう（目的型アクティビティ）……68

【第4章】「有酸素運動」による認知症予防アクティビティ

- ●4-1-a 足踏みをしましょう（訓練型アクティビティ）……70
- ●4-1-b 1キロマップウォーキングを行ないましょう（目的型アクティビティ）……72
- ●4-2-a グループで歩きましょう（訓練型アクティビティ）……74
- ●4-2-b グループウォーキングを行ないましょう（目的型アクティビティ）……76
- ●4-3-a 段差台を上り降りしましょう（訓練型アクティビティ）……78
- ●4-3-b 展望台へハイキングに行きましょう（目的型アクティビティ）……80
- ●4-4-a 雑巾がけを行ないましょう（訓練型アクティビティ）……82
- ●4-4-b 雑巾で床を拭きましょう（目的型アクティビティ）……84
- ●4-5-a 自転車こぎの練習をしましょう（訓練型アクティビティ）……86
- ●4-5-b 自転車で出かけましょう（目的型アクティビティ）……88

【付録】事前事後評価 用紙フォーマット

- ●ファイブ・コグの検査方法……90
- ●「ファイブ・コグ」記録・回答用紙フォーマット……92

本文イラスト／松本奈緒美・レイアウト.編集協力／堤谷孝人、堤谷千尋・協力／渡　宏・企画編集／安藤憲志、長田亜里沙

序章：認知症予防アクティビティを始める前に

認知症予防とは
●アクティビティの4つの柱を組み合わせて取り組みましょう

●**認知症予防のために、住民が主体となって取り組みを進めるのも一つの手段**

　認知症は個人の"意義ある生活"を奪い、家族や社会に介護の負担を強いる病気です。その発症を抑えることができる、あるいは発症を遅らせることができるならば、個人的にも社会的にもその恩恵は大きいものがあります。認知症は、要介護認定の原因疾患としても脳卒中、筋骨系疾患と並んで大きな部分を占めています。介護予防という観点からも、認知症は大きな問題と言えるのです。

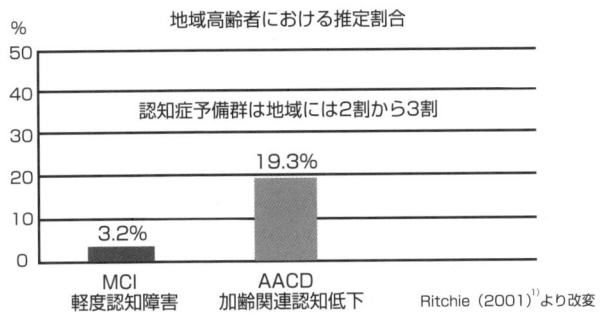

　ところで、認知症予備群は「地域の高齢者の2〜3割」を占めることが、さまざまな報告から分かっています[1]（上図参照）。

　このように、「多数の地域高齢者」を対象にするのであれば、住民が主体となって地域でプログラムを展開していくことが、有効な一つの手段であると考えられます。

　なぜなら、地域の住民が取り組みの主体となることで、コスト面から無理なくスタッフ数の確保ができ、また参加する高齢者がより自立心を持って取り組む姿勢を期待できるからです。

●**軽度認知障害の段階で「記憶」「注意分割」「思考力」などの機能訓練を！**

　近年、疫学的研究が進み、運動、知的活動、社会的接触などの環境要因がアルツハイマー型認知障害の発症に関係していることが明らかになり、こうした危険因子への介入による認知症予防の可能性が示唆されるようになってきました。また、認知症発症前の「軽度認知障害」の段階では、

●エピソード記憶
●注意分割
●思考力（主として計画力）

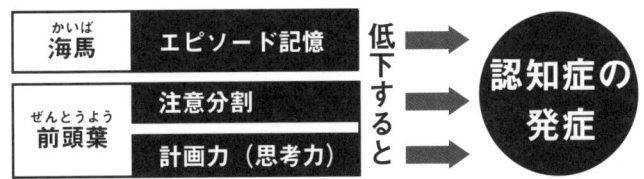

といった認知的機能が低下することなどが分かってきました[2]。従って、認知症の発症遅延を考えるならば、こうした機能を重点的にトレーニングすることが理にかなっているであろうと考えられるのです。

　そこで本書では、上記の3機能を鍛えることに加え、認知症予防に対して効果が認められる「有酸素運動」の4つをアクティビティの柱とし、その行ない方などを具体的に掲載しています。

文献
1) Ritchie k,et al.: Classification criteria for mild cognitive impairment: a population-based validation study. Neurology 56 : 37-42,2001.
2) Rentz DM and Winetraub S: Neuropsychological detection of early probable Alzheimer's disease. In Scinto LFM and Daffner KR ed. Early diagnosis of Alzheimer's disease, pp169-189,Humana Press,Totowa,2000.

認知症予防プログラムの流れ（案）

●プログラムを始める前に、その流れを考えてみましょう（下図の流れは、あくまで方法の一つです）

①プログラムの説明

②申し込み

本プログラムの重点対象者
●地域高齢者の2～3割いると考えられる、認知症予備群の高齢者を含めた健康な高齢者

③事前測定

【第1回目】ファイブ・コグ（事前検査）

④認知症予防プログラムの目安（一例）

【アクティビティ指導（全24回…12セット）、（生活・栄養指導、健康相談＝随時）】

●週に2回のペースでアクティビティを行なうものとします（教室を開きます）。

●週に2回のアクティビティ内容としては、週の1回目に「訓練型アクティビティ」、2回目に「目的型アクティビティ」を行ないます。

●例えば、月の1週目（火・金曜日など）は「エピソード記憶」を鍛える認知症予防アクティビティを1セット（訓練型・目的型）行ない、2週目に「注意分割（機能）」、3週目「計画力（思考力）」、4週目「有酸素運動」とし、それを3順、つまり3ヶ月間続けます。

⑤効果判定・結果説明会

【第26回目】ファイブ・コグ（事後検査）

⑥フォローアップ

「目的型アクティビティ」の要素を日常生活の中に取り込み継続する

※上の流れはプログラム（3カ月間）の一例です。

③⑤事前事後測定

事前事後測定として集団用認知検査「ファイブ・コグ」に取り組みます。（※「ファイブ・コグ」についてはP9、P90～93を参照してください）

④認知症予防プログラムの目安（基本例）

プログラム期間3ヶ月間の中で、4つの項目（エピソード記憶・注意分割（機能）・計画力（思考力）・有酸素運動）各5セット（本書の第1～4章には、訓練型と目的型の1セット＝「1-1-a」と「1-1-b」など＝が計5セット掲載してあります）の中から、最終的に3セットずつを行なうことになります。自由にプログラムを組み立てましょう。

⑥フォローアップ

プログラムは短期間でもある程度の効果を見込めますが、生活の中で日常化・習慣化して継続しないと効果は一時的なものになるでしょう。「目的型アクティビティ」の要素を日常生活の中に取り込み、自分からすすんで継続しましょう。

※次頁で、本書の認知症予防アクティビティの内容説明を掲載しています。

認知症予防アクティビティの説明

●アクティビティは短期間でもある程度の効果を見込めますが、効果維持のために生活の中での日常化・習慣化を提案しています

●「訓練型アクティビティ」と「目的型アクティビティ」で、認知症予防の効果を高める！

　本書では、アクティビティを「訓練型アクティビティ」と「目的型アクティビティ」に分けています。「訓練型」は普段は自分からなかなか取り組むことのない頭の体操に挑戦する試みで、「目的型」は日常生活での継続した取り組みを期待しての提案です。

　認知症予防の取り組みとして、例えば、折り紙をただただ5年間折り続ける、というのも確かに効果はあるでしょうが、明確な目的が無い限り、それを継続をするとなると困難ではないでしょうか。

　しかし、「1日遅れの日記を5年間書き続ける」ことなら可能かもしれません。動機と目的が明確で、また楽しんで取り組めそうだからです。

　つまり認知症予防の取り組みとは、言わば「頭の神経の貯金」のようなものです。日頃からの頻繁な貯金が、結果として効果をあげるのです。その場限りの取り組みでは、なかなか期待どおりの結果には結びつかないでしょう。

　健康な状態から"神経の貯金"を行なうことで、いつまでも健康に過ごすことができるのです。

　「普段の生活自体を、認知症予防の取り組みとしてとらえる」。プログラムを開催するリーダー・スタッフは、こういった説明をしてアクティビティを進めていきましょう。

●「有酸素運動アクティビティ」も頻度が大切

　本書に掲載の「有酸素運動アクティビティ」も、その他のものと同様に、取り組みの頻度が効果を高めます。毎日続けることによって、有酸素運動に適した体が出来上がっていくのです。下に「訓練型」「目的型」のとらえ方をまとめていますので、参考にして下さい。

「訓練型アクティビティ」を理解するうえでのイメージ…

- ●毎日一定の場所に出向いて訓練に"ゴシゴシ"取り組む
- ●短期間で集中的に行なう
- ●普段の生活の中にはみられない、特別な行ない

「目的型アクティビティ」を理解するうえでのイメージ…

- ●普段から継続して取り組みやすい
- ●日常生活に密着しているなど、アクティビティ内容の奥が深い
- ●取り組みに慣れると、比較的習慣化がたやすい
- ●自分の毎日の中で、意味・意義を結びつけやすいので、楽しく続けられる

アクティビティの効果を調べる

●ここでは集団用認知検査「ファイブ・コグ」について説明します

●認知症予防のスクリーニングツールとして「ファイブ・コグ」を使用するのも一つの手段です

東京都老人総合研究所と筑波大学（精神医学）では、認知症予備群の一つの概念である「加齢関連認知低下（AACD）」をスクリーニングするものとして、「ファイブ・コグ」を開発しています（P90～概説）。

この検査は、記憶・学習・注意・言語・思考・視空間認知、の各認知機能を測定する集団用認知検査で、40分程度の時間を要します。特に、記憶・注意・思考の3つは、認知症予備群の時期に低下することが分かっており、それらの認知機能の状態を評価することができるので、認知症予防の効果を評価する道具としても利用が可能です。

対象者10名に1人くらいの割合で、補助者（サポーター）を配置し、検査が円滑に進行するように対処する必要があります。

●実施方法について

ファイブ・コグについては「ファイブ・コグの検査方法」（P90～）で概説しています。設問に対しての回答の仕方、また回答用紙のフォーマットも併せて掲載していますので、参考にしてください。実際の「ファイブ・コグ」は進行スタッフ（テスター）がDVD（販売：NPO認知症予防サポートセンター／HPアドレス：http://www13.plala.or.jp/iiyobou/）の映像を流すだけで取り組めるようになっています（参加者はスクリーンに映し出される映像で説明を受けながら、回答用紙に答えを記入していくことになります）。少人数ならテレビモニター画面程度の大きさで十分ですが、大人数ならプロジェクターを使ってスクリーンに投影するなどの工夫を考えてみてください。また、採点方法もDVDに付属のマニュアルに掲載しています。

●DVDファイブ・コグ事前準備と会場設営について

◎会場に適さない部屋および環境
・机と椅子が無い、あるいは畳の部屋
・階段教室あるいは階段状のホール（照明が暗い、テーブル・机が無い）
・カラオケ・ベビールームのように騒音が予想される部屋の隣
・テスト中に館内放送やチャイムの鳴る可能性がある
・電気のスイッチが部屋の外にある
・照明が点灯に時間を要する水銀灯である

◎会場の確認（必要な条件）
・スクリーン、もしくはそれに代わるもの（白い壁等）
・机と椅子（必要数）
・コンセントの位置（延長コードは必要か？）
・テスター用台＆DVDプレーヤーなどを設置する台
・マイク2本（テスター用とDVDプレーヤーの音声をスピーカーから拾うもの）

◎準備する物
・DVDプレーヤー　・ファイブ・コグDVD
・プロジェクター（2000ルーメン以上のもの）
・延長コード　・テスト用紙（本書「付録」に掲載）
・鉛筆（消しゴムのついていないBの鉛筆）
・ストップウォッチ（音の出ない物）　・付箋
・検査用紙を持ち帰る際の袋（個人情報なので取り扱いには注意すること）

◎会場設営
・部屋の掛け時計をはずす。はずせない場合は紙などで隠す
・スクリーンが見やすいように机を配置する（長机に2人がけが理想的）
・機材の設置とスクリーンの調整

◎サポーターとの打ち合わせ
・サポーターの人数（被験者10人に対して1人が適当）
・テスターはサポーターと20～30分の時間をとり十分なミーティングを行なう

序章

第1章:「エピソード記憶」を鍛える認知症予防アクティビティ

1-1-a 新聞・雑誌記事を記憶しましょう
（訓練型アクティビティ）

「エピソード記憶（訓練型アクティビティ）」の困難度を上げる場合の原則
- Ⓐ ……覚えてから思い出すまでの時間をのばす
- Ⓑ ……覚える量を増やす
- Ⓒ ……覚える内容を難しくする

※P2「本書のアクティビティへの基本的な取り組み方として」も参照してください

「エピソード記憶」を鍛えるための訓練型アクティビティ……新聞・雑誌記事を記憶する

記憶力を養うために、新聞・雑誌記事などの暗記を行ないましょう。下は、記事を選ぶ際の注意点です。

【準備物】回答用紙（ケイ線のある物）、筆記用具、好きな新聞・雑誌など

- ●暗記する文章は、新聞・雑誌・童話物語など、どんなものからでもよい。難度を自分で設定し、調整する。
- ●読み物としての記事であること。行数は10行程度（150文字くらい～）のもの。

暗記できたら、記事を隠します。**その30分後に（30分間は自由に時間を使ってかまいません）**、紙に記事をそのまま書き出してみましょう。その後、自分で正誤を確認しながら訂正しましょう。P10・11の①②③のように取り組んでみてください。

① 童話や物語など、簡単なものからまずは暗記を始めてみましょう。ひらがなばかりのものでもよいでしょう。

※イラストはイメージです。文章は自由に選んでコピーするなどして取り組みを行なってください。

② 女性雑誌・週刊誌など、自分がよく読む（購読する）ものを選んで、暗記を行ないましょう。

※イラストはイメージです。文章は自由に選んでコピーするなどして取り組みを行なってください。

③ 最後に新聞の一面や社会面の記事に挑戦してみましょう。漢字が多くなり、難しい単語も出てきますが、間違いを恐れることはありません。気楽に取り組んでみてください。

※イラストはイメージです。文章は自由に選んでコピーするなどして取り組みを行なってください。

1・エピソード記憶

1-1-b ① エピソード記憶（目的型アクティビティ）
1日前の日記をつけましょう

「エピソード記憶（目的型アクティビティ）」の困難度を上げる場合の原則

■アクティビティに取り組む原則として、「最初はおよそ6割方ができる感じ。続けてレベルを高めていって9割方までもっていく！」というようなイメージで取り組んでください。

困難度を上げる場合は、下記の3点をイメージして取り組んでみましょう。
- Ⓐ……「『2日遅れ→3日遅れ』のことを書く」など、日をより古く設定する
- Ⓑ……「食べ物のこと」と「テレビ番組のこと」など、書く内容を増やす
- Ⓒ……例えば、社会的ニュースに興味のない人が自分の日記に主要ニュースを書くようにするなど、覚えにくいことを覚える

※P2「本書のアクティビティへの基本的な取り組み方として」も参照してください

たとえばこんな目的型アクティビティ……　**思い出し交換日記**

【準備物】
日記帳、筆記用具

【話題の具体例】
テレビ番組、食事、ペット、外出先、孫のこと（家人のこと）、趣味、購入した物、天気について（洗濯物など）

① テレビの話題になりました。好きな番組が別々でしたが、お互いに内容を思い出しながら話し合いました。

② その他、昨日の夕食はお互いに「鍋料理」だったことが分かりました。思い出したことを日記に書き出します。

①参加者同士でペアを作り会話をしましょう。昨日あった事柄をよく思い出します。

②見つけた話題の事柄を題材にして、具体的な内容を思い出して日記を書きましょう。

「1行日記」から始めてみましょう

日記を書く習慣を身につけることが最も大切です。始めから無理にたくさん書こうとせず、まずは「1行日記」から始めてみましょう。

右の表を拡大コピーして使うなどし、"まずは少しずつ書いてみる"よう心掛けましょう。

名前	月　　第　　週目
月日(曜)	今日の一行
／(　)	・
／(　)	・
／(　)	・
／(　)	・
／(　)	・
／(　)	・
／(　)	・

1・エピソード記憶

【ヒント】
例えば鍋料理を話題の中心にする場合なら、中に入れた食材、家人の様子、旬の食材について、料理を作る際に起きた出来事、食べてみての感想、などを書いてみましょう。

鍋料理を題材として、次々と記憶が引き出されてきます。相手の日記に時折目をやりつつ、よりいっそう記憶を引き出しましょう。

③

③ペアの人と日記を交換し合い、それについて、また会話を膨らませましょう。記憶が次々と引き出されることでしょう。

目標を持って日記をつける

日記を長く書き続ける秘訣は、「目標をしっかりと持ち、それに関連することを毎日書き綴っていくこと」です。

趣味などで、「自分がいつかはこうなりたい」「こういうことをやってみたい」という目標・夢があることでしょう。例えば、囲碁の好きな人なら、「なかなか勝てない囲碁のライバルに勝ちたい」という目標を設定して、そのために活動したこと、頑張ったことなどを日記に記します。日記の内容を後で見返した時に、自分の目標達成のために、何らかの役にもたつということも、日記を続けることの助けになるのです。

エピソード記憶

過去に体験したことを覚えているかどうか、という記憶力のことです。記憶や学習をつかさどる「脳の海馬の機能」を高めることが重要になります。

例／朝、何を食べたか思い出せる

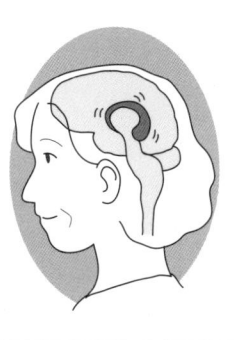

1-2-a

① エピソード記憶（訓練型アクティビティ）

単語を記憶しましょう①

■単語を覚えて、思い出し書き写す練習を行ないましょう。はじめから全ての単語を覚える必要はありません。回数を行なうごとに記録が伸びていくように取り組んでみましょう。

「エピソード記憶」を鍛えるための訓練型アクティビティ ……「単語シート」を活用する①

【準備物】回答用紙（ノートなど）、筆記用具

記憶力を養うために、単語を羅列した「単語シート」を活用しましょう。P14・15の①②③は例題です（必要に応じて各シートを拡大するなどして取り組んでみてください）。ここに羅列してある単語を覚えて、**5分の間隔をあけて、**思い出したものから自由に書き出すという作業です。文字列を順番どおりに並べる必要はありません。書き出した用紙には、自分で正誤を確認しながら〇×をつけてください。

①

名前　　　　　　　　　　　月　第　週目

掃除機　はたき　ぞうきん

モップ　ほうき　ちりとり

バケツ　熊手

②　名前_____　　　月　第　週目

台所　　トイレ　　風呂　　玄関
一戸建て　　電車　　アパート
ハイツ　　マンション　　バス
タクシー　　飛行機　　紅茶
ミルク　　コーヒー　　ココア

③　名前_____　　　月　第　週目

入道雲　　雨雲　　むら雲　　うろこ雲
看護師　　警官　　アナウンサー　　車掌
テレビ　　ラジオ　　新聞　　雑誌
イカ　　マグロ　　エイ　　ハマグリ
ケヤキ　　ポプラ　　ヒノキ　　ブナ
ソース　　醤油　　塩　　味噌
幼稚園　　大学　　小学校　　高校
電気　　ガス　　蒸気　　太陽光

1・エピソード記憶

1-2-b ① エピソード記憶（目的型アクティビティ）
掃除の不十分な箇所を思い出しましょう

■最近の掃除の状況をよく思い出してみてください。最近、どこを重点的に掃除しましたか？ また、掃除の行き届いていない場所はどこでしょうか？
リビング、台所など、部屋ごとに状況を思い出してみましょう。

掃除を行なうことは日常生活とたいへん密接に結びついた作業です。毎日を快適に過ごすことと切っても切れない関係ですので、掃除の際、このような習慣を身につけておくことで、自然と記憶力を鍛えることができるのです。

たとえばこんな目的型アクティビティ……掃除のできていない箇所を思い出す

【準備物】
紙（メモ帳）、筆記用具

【家の間取り例】
リビング、台所、ベランダ、寝室、トイレ、風呂、書斎、玄関、庭、廊下、ダイニング、バルコニー、階段

①

リビング、台所など、各部屋ごとに思い出すと、まとめやすいでしょう。

①最近の掃除で、行き届いていない箇所を思い出しましょう。

②

②その箇所は、どのくらいの期間（何日間くらい）掃除ができていませんか？ より深く状況を思い出してください。

その時のシチュエーションから掃除場所を思い出す

掃除の行き届いていない場所を思い出す時に、手がかりとして、その時の状況から思い出すようにしてみましょう。例えば、その場所を掃除したのは午前でしたか、午後でしたか？いつもどおりの掃除でしたか、やや大がかりな掃除でしたか？

そういった情報が、以前の掃除の状況を思い起こさせてくれるかもしれません。

③思い出した掃除の状況を紙に書き出して、現状をまとめてみましょう。

食事と生活習慣病の改善で認知症を予防

生活習慣においては「アルコール摂取過剰」、その他「総脂質」や「飽和脂肪酸」が、認知症の危険因子であることが明らかになりました。一方で、魚類と野菜が認知症の防御因子だと疫学調査から分かっています。

過剰なカロリー摂取、過度のアルコール摂取を控え、魚と野菜に重点を置いて食生活を見直しましょう。

掃除を簡単にするための工夫

日頃の掃除を簡単にするために、掃除しやすい材質の商品を購入する（選ぶ）のも一つの手です。例えば、「汚れた部分だけを取り替えることのできるカットカーペット」などです。

また掃除の際、家の中での転倒事故を防止するために、「普段から室内の整理整頓をする」「家具によりかかっても倒れないよう固定する」「敷物の縁の段差を無くすようピンなどで固定する」「コードの緩みを無くす」「廊下・玄関には余計な物を置かないようにする」などの工夫を心掛けましょう。

1・エピソード記憶

1-3-a ① エピソード記憶（訓練型アクティビティ）
単語を記憶しましょう②

■単語を覚えて、それを書き写しましょう。はじめから全ての単語を覚える必要はありません。回数を行なうごとに記録が伸びていくように取り組んでみましょう。単語の配置も一緒に覚えてみてください。

「エピソード記憶」を鍛えるための訓練型アクティビティ ……… 「単語シート」を活用する②

記憶力を養うために、単語を羅列した「単語シート」を活用しましょう。P18・19の①②③は例題です（必要に応じて各シートを拡大するなどして取り組んでみてください）。

ここに羅列してある単語を覚えて、**5分の間隔をあけて**、思い出したものから書き出すという作業です。文字の配列も再現しましょう。書き出した用紙には、自分で正誤を確認しながら○×をつけてください。

【準備物】回答用紙（シート内の文字を消したものを作成するなどして、配ってください）、筆記用具

① 名前＿＿＿＿＿＿＿＿＿＿＿　＿＿月　第＿＿週目

きいろ	あか	くろ
しろ	みどり	むらさき

② 名前　　　　　　　　　　　　　　　月　第　週目

シャツ	ジーンズ	カーディガン	ズボン
ジャケット	スカート	ワンピース	ソックス
セーター	コート	スパッツ	キャミソール

1・エピソード記憶

③ 名前　　　　　　　　　　　　　　　月　第　週目

ペリドット	アクアマリン	ダイヤモンド	オパール	ガーネット	メノウ
コーラル	サファイア	ラピスラズリ	トルコ石	パール	ムーンストーン
エメラルド	アメジスト	ルビー	クリスタル	ブラッドストーン	ネフライト
ルベライト	タンザナイト	トルマリン	ジルコン	アンバー	トパーズ

1-3-b ① エピソード記憶（目的型アクティビティ）
服装を思い出しましょう

■昨日の服装を覚えていますか？ ここ最近の服装を思い出すことはできますか？
服装を意識することによって、思い出す習慣が身につき、それを重ねることで記憶力が徐々に高まるはずです。
毎日の服装を考える際、引き出し等から引っぱり出して選ぶのではなく、まずは記憶の中で自分の持っている服を思い出してみましょう。

たとえばこんな目的型アクティビティ……昨日の服装を思い出す

【準備物】
紙（メモ帳）、筆記用具、色鉛筆

【「スタイル」の書き出し例】
カーディガン、トレーナー、パーカー、半袖シャツ、長袖シャツ、長ズボン、ジーンズ、靴下、など

特徴的な部分をはじめ、デザインの細部までできる限り思い出すよう挑戦してみましょう。

①昨日の組み合わせや服装をよく思い出してみましょう。

②記憶をより引き出すために、絵にかいてみましょう。

認知症にならないために

認知症になりかけた時、下の図表のとおり、「エピソード記憶」「注意分割」「計画力（思考力）」の3つの能力が低下することが分かっています。

これらの能力の低下をいち早く発見し、鍛えることが認知症予防に効果があることが分かってきています（P5参照）。

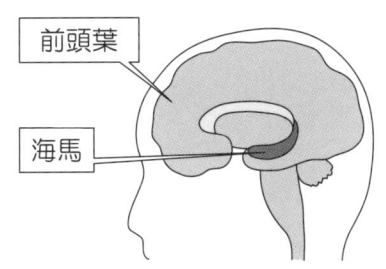

1・エピソード記憶

服装にこだわることの効果

服装にこだわりをもつことで、精神的な若返りを期待できます。つまり、精神的老化を遅らせることができると考えられます。また、服装と同時に「せっかくこだわるなら…」と、化粧や装飾品などにも興味をもつことができるかもしれません。そうした興味の広がりは、外の世界と関わりをもつことに結びついていくのです。

【アクティビティのヒント】
靴下など、外から見える小物類もしっかりとかき出しておきましょう。

数ある自分の服装が、「どんなもの（服）があっただろう？」と、思い出す作業を明確にします。

③昨日の服装を考慮し、季節感なども取り入れながら、今日の理想的な組み合わせや服装を選びましょう（想像しましょう）。

服装を思い出し絵にする

左記アクティビティ②のように、思い出した服装を絵にかいてみることは、今日の服装をイメージするうえで視覚的な参考になります。

服装の組み合わせ、素材、細部などを思い出して、ファッションに興味をもつことが大切なのです。

1-4-a ① エピソード記憶（訓練型アクティビティ）
記号を記憶しましょう

■簡単な記号を覚えて、記憶力の向上を目指しましょう。単語と違い、形状として覚えるのも、記号それぞれに意味づけをして覚えるのも、行ないやすい方法で取り組んでみましょう。

「エピソード記憶」を鍛えるための訓練型アクティビティ ……… 「記号シート」を活用する

【準備物】回答用紙（ノートなど）、筆記用具

記憶力を養うために、記号を羅列した「記号シート」を活用しましょう。

ここに羅列してある記号を覚えて、**5分の間隔をあけて、位置どおりに書き出す**という作業です。書き出した用紙には、自分で正誤を確認しながら〇×をつけてください。

①　名前 ＿＿＿＿＿＿＿＿＿＿　　月　第　週目

□	〇	△	〇
☆	△	□	☆
〇	□	△	〇
△	〇	□	☆

② 名前 _____ ___月 第___週目

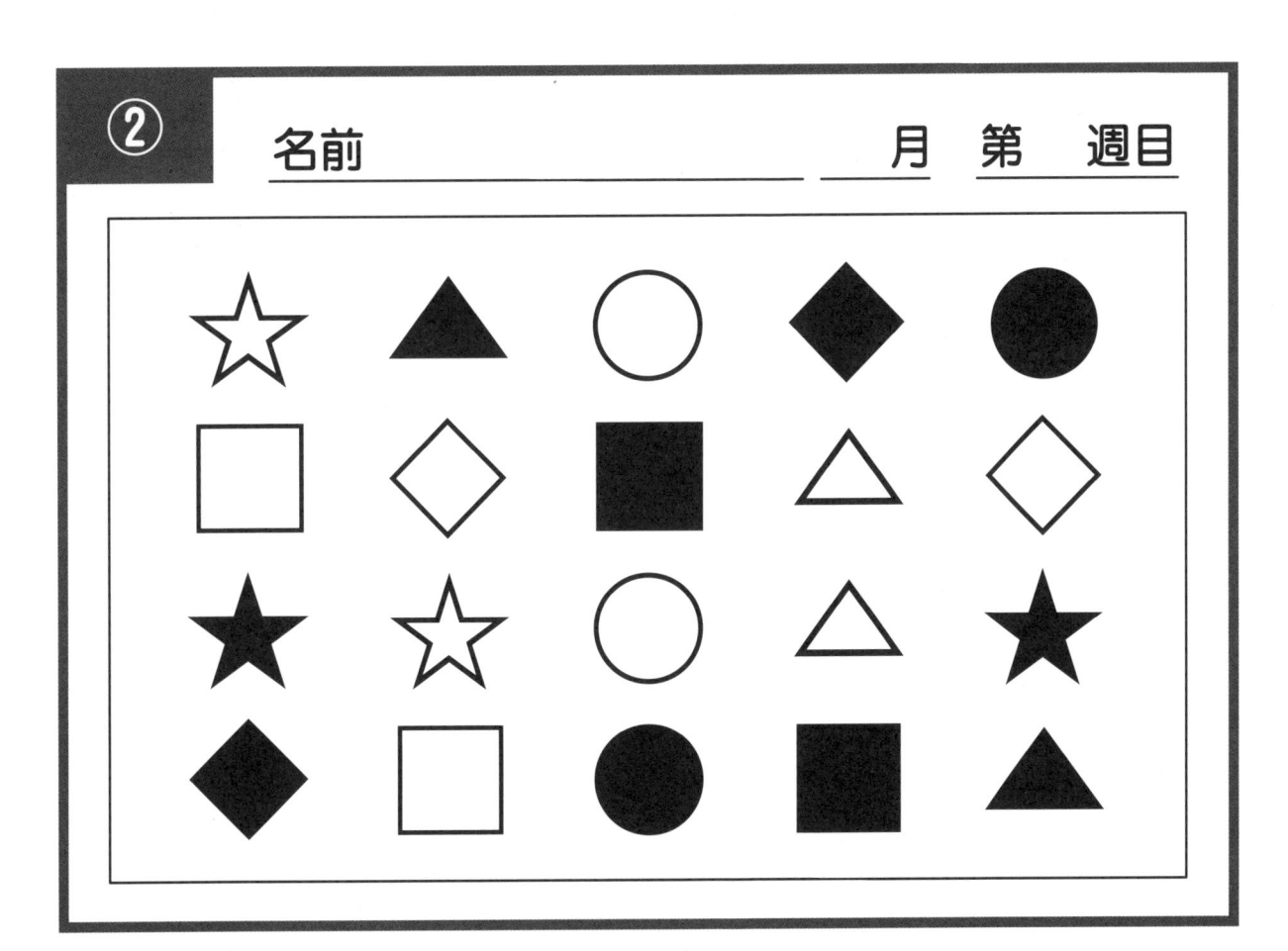

③ 名前 _____ ___月 第___週目

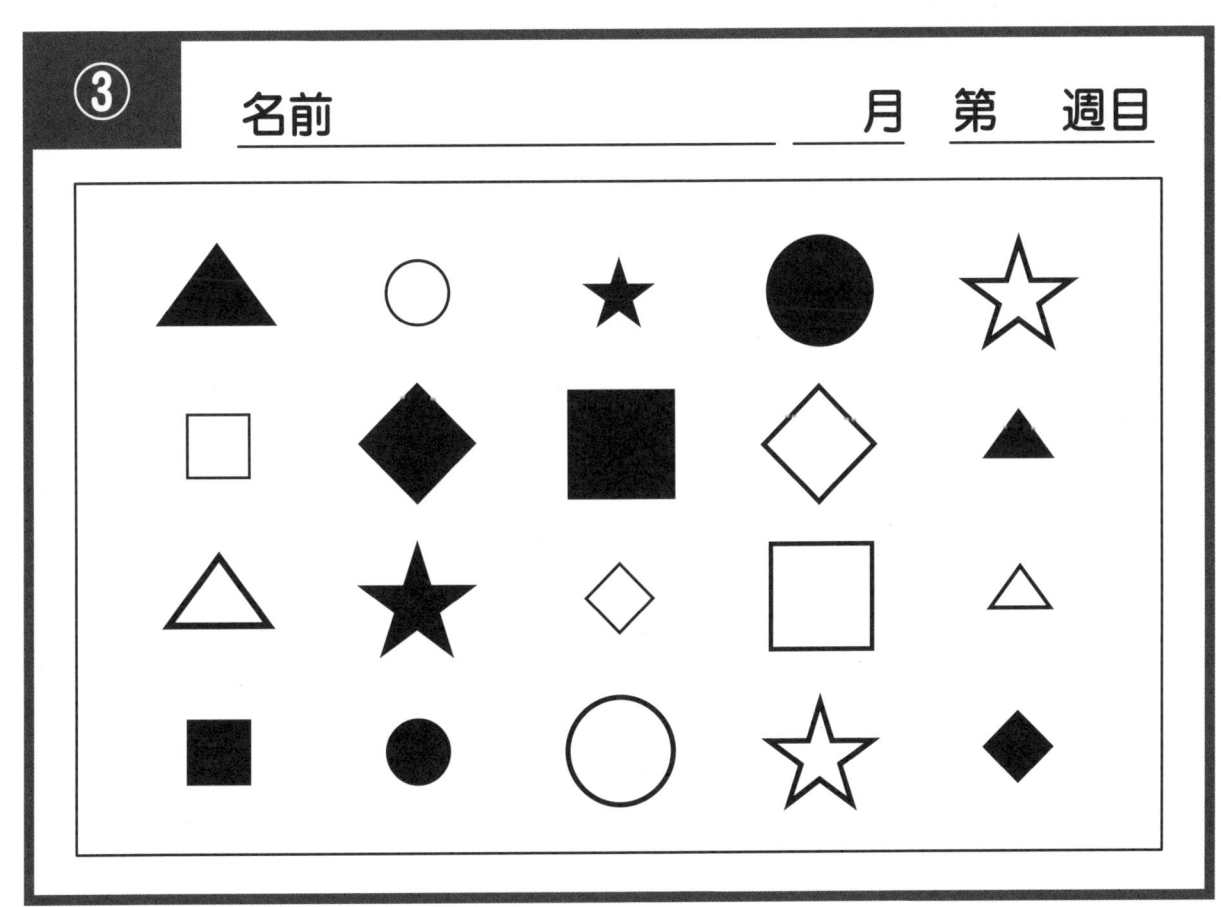

1・エピソード記憶

1-4-b ① エピソード記憶（目的型アクティビティ）
睡眠状況を思い出しましょう

■昨日の就寝時間、またおとといの就寝時間を思い出すことはできますか？ 睡眠時間は充分に確保できていますか？
寝た時間、起きた時間をすぐに思い出せるように訓練してみましょう。
毎日の就寝・起床時間、睡眠時間を把握することで、今後の睡眠状況をよい方向へ向けることも期待できるかもしれません。

たとえばこんな目的型アクティビティ……睡眠状況を思い出す

【準備物】
メモ帳（必要なら相手が口にした情報をメモする）、筆記用具

【ヒント】
就寝時間・起床時間とも、その周辺の記憶をたどっていくと思い出せるのではないでしょうか。
「おとといの夜はテレビで映画を見ていたから…」などというような具合です。

自分の睡眠状況を思い出しましょう。

①
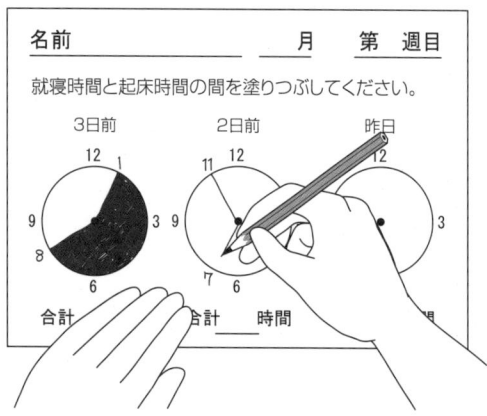
①最近の睡眠状況（就寝・起床時間、睡眠時間）を思い出し、右頁の図表「睡眠状況記録シート」（必要に応じて拡大してください）に書き込みます。

②
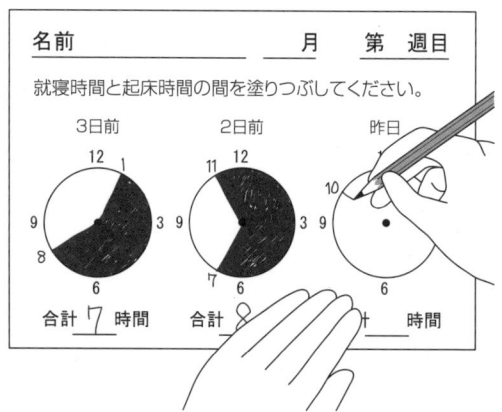
②「睡眠状況記録シート」の全ての項目を思い出してみましょう。最近の睡眠状況も見えてきますね。

「睡眠状況記録シート」

右の「睡眠状況記録シート」を拡大コピーするなどして、利用しましょう。

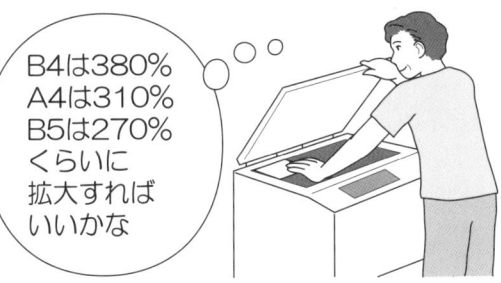

B4は380%
A4は310%
B5は270%
くらいに
拡大すれば
いいかな

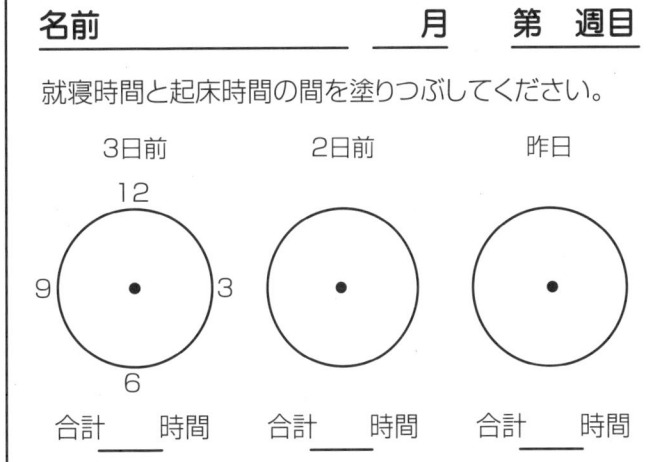

名前＿＿＿＿＿＿＿　＿月　第＿週目

就寝時間と起床時間の間を塗りつぶしてください。

3日前　　2日前　　昨日

合計＿＿時間　合計＿＿時間　合計＿＿時間

1・エピソード記憶

③

③これまでの睡眠状況を思い出すことは、今後のよりよい睡眠にも生かせるかもしれません。

認知症について

認知症は個人の意義ある生活を奪い、家族や社会に介護の負担を強いる病気です。その発症を抑えることができる、あるいは発症を遅らせることができれば、個人的にも社会的にも大きな恩恵があります。

また認知症は、要介護認定の原因疾患としても脳卒中や筋骨系疾患と並んで大きな部分を占めています。

介護予防という観点からも、認知症は大きな問題といえるのです。

心地よい睡眠のためのヒント

- ベッドを窓際に配置する
- 就寝時に心地よい音楽を流す
- 朝ご飯を決まった時間に食べるために、炊飯器の炊きあがり時間をタイマーで設定しておく
- 就寝前に軽いストレッチを行なう
- お風呂で湯舟に浸かり、体を芯まで温める
- 睡眠前にベッドで読書をする

1-5-a ① エピソード記憶（訓練型アクティビティ）
絵を記憶しましょう

■絵を覚えて、位置どおりにかき出してみましょう。絵の左右同士の関係などを、頭の中に焼きつけることができるでしょうか。全体をイメージとしてとらえることが重要です。

「エピソード記憶」を鍛えるための訓練型アクティビティ……「イラストシート」を活用する

記憶力を養うために、イラストを羅列した「イラストシート」を活用しましょう。

ここに羅列してあるイラストを覚えて、**5分の間隔をあけて、位置どおりにかき出す**という作業です。かき出した用紙には、自分で正誤を確認しながら○×をつけて下さい。

【準備物】回答用紙（シート内の絵を消したものを作成するなどして、配ってください）、筆記用具

①　名前＿＿＿＿＿＿＿＿＿＿　＿＿月　第＿＿週目

② 名前 _____ ___月 第___週目

③ 名前 _____ ___月 第___週目

1・エピソード記憶

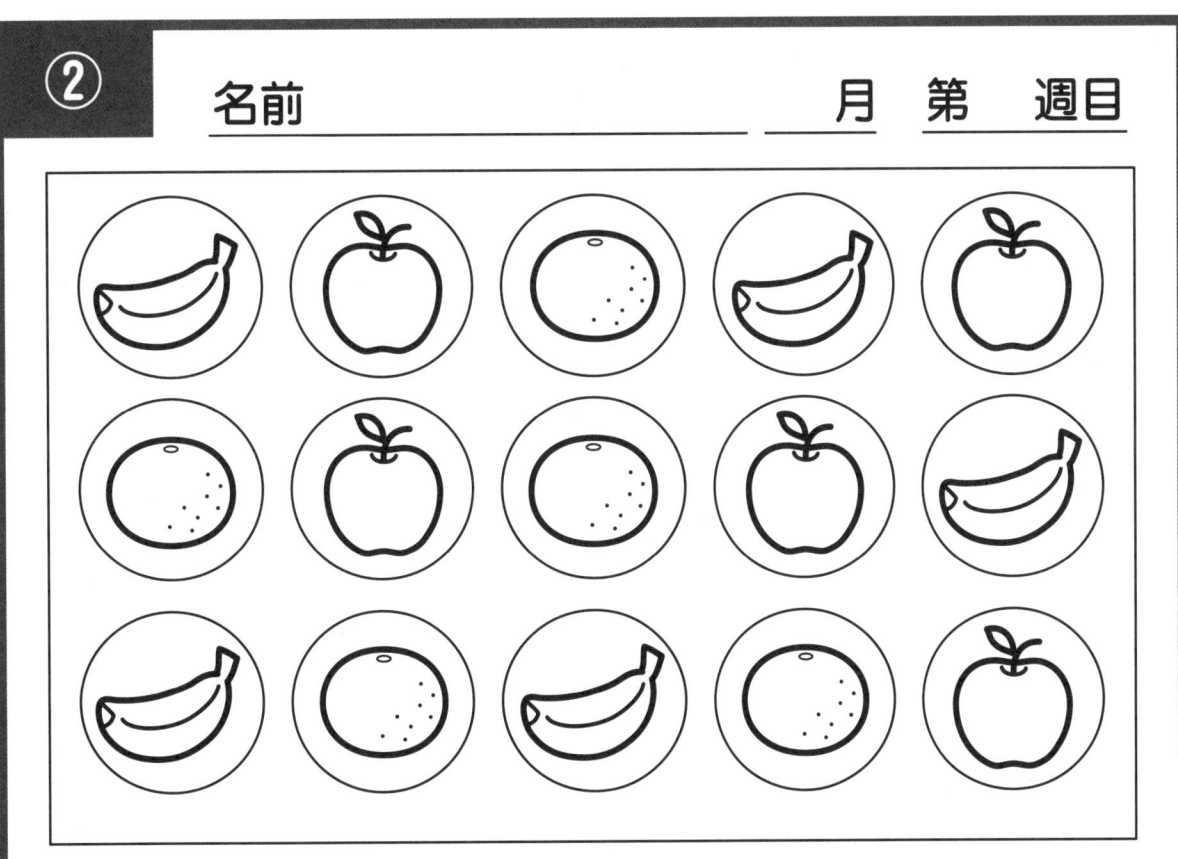

1-5-b ① エピソード記憶（目的型アクティビティ）
食事を思い出しましょう

■昨日の夕食を思い出すことができますか？ それはおいしかったですか？ 入っていた食材まで思い出すことができますか？ 昨日・一昨日の食事内容を思い出して、豊かな食事に繋げましょう。自分の食べている物を把握することで、食に対して興味を持つことができ、その興味が積極的に料理をつくることに繋がるかもしれません。多様性のある栄養バランスのよい食事は、認知症予防の観点からも、とてもよい効果を期待できるのです。食事内容を思い出す習慣をつけてみましょう。

たとえばこんな目的型アクティビティ……食事内容を思い出す

【準備物】
紙（メモ帳）、筆記用具、（思い出しメモ）

主食、副食、主菜、副菜、飲み物、食後のデザートまで、できるだけ全てを思い出しましょう。

昨日一日、朝・昼・夜、何を食べたか、全て書き出せる用紙も作りましょう。

①昨日一日の食事内容を全て思い出して、料理名を紙に書き出します。

昨日の食事内容思い出しメモ

右の「昨日の食事内容思い出しメモ」を拡大コピーするなどして、利用しましょう。

B4だと380%
A4だと310%
B5だと270%
くらいかしら

名前	月　　日（　）

昨日の食事内容思い出しメモ
　　　料理（食材）名

朝	
昼	
夜	

1・エピソード記憶

②

名前	月　日（　）

買い揃える必要のある食材一覧
料理名　　　食材名

筑前煮	ウメボシ マヨネーズ タマゴ トリ…

②さらには、無くなった食材を思い出し、「今日の買い物リスト」を作成して、書き込むようにしてもよいでしょう。

上手に食材を活用するには

- 買い足す前に、冷蔵庫をチェックする
- 残っている食材ごとに、使用期限・消費期限などをメモして、目につくよう冷蔵庫に貼っておく
- チャーハンや豚汁など、残り物を上手に活用できるようなメニューを定番化しておく

あなたの食事内容は？

左のアクティビティの①で食事内容を書き出しますが、その際に、自分の摂取した食材を振り返ってみてください。たくさんの食べ物を摂取できていますか？ または、「あまり食べていない」といった感想でしょうか？ これを機会に、食事内容に不安を感じた人は、メニューを豊かにするなど、工夫を凝らすよう考えてみてもよいでしょう。

第2章:「注意分割機能」を鍛える認知症予防アクティビティ

2-1-a 文字を早く探し当てましょう① (訓練型アクティビティ)

「注意分割機能（訓練型アクティビティ）」の困難度を上げる場合の原則

困難度を上げる場合のイメージは、「注意すべきことが増えていく」ことです。注意を向ける要素を複合的、かつ増加させるようにしましょう。

※P2「本書のアクティビティへの基本的な取り組み方として」も参照してください

「注意分割機能」を鍛えるための訓練型アクティビティ ……「文字抜き出しシート」を活用する①

注意分割力を養うために、文字を羅列した「文字抜き出しシート」を活用しましょう。たくさんの文字の中から指定の文字をてきぱきと探し出すことで、認知症予防に効果のある「注意分割機能」を鍛えることができます。

ここに羅列してある文字から、なるべく早く（リーダーがあらかじめ制限時間を決めておきます。はじめは全てを時間内に抜き出す必要はありません）、正確に**指定の文字に○をつけてください**。正誤（○×）は作業終了後に全員で一斉に行ないましょう。

---

① 名前＿＿＿＿＿＿＿＿＿　　月　第　週目

問題：「れ・い・ぞ・う・こ」の5文字に、なるべく早く○をつけてください。（制限時間：20秒）

へおいもへにかろにんそ
ねんまうけらとおかぬけ
もぬほそあおみまふとは
よろかあはふらみこつな
ねぞれそなよかほつを

②

名前 _____　　月　第　週目

問題:「し・ょ・く・ざ・い・か・く・に・ん」の文字に、なるべく早く○をつけてください。（制限時間：30秒）

くゅにさふんさねえやわ
をりょとゆすたひすのせ
ぬゃかてうるさむそめね
きちてれほしまふとよい
あはらみくこざなねあ

2・注意分割機能

③

名前 _____　　月　第　週目

問題:「く・だ・も・の」と「し・ょ・う・ひ・き・げ・ん」の文字に、なるべく早く○をつけてください。（制限時間：40秒）

へおいろにゃんそのげぬ
でほどまふとよかあはょ
らみびこつなねえやくわ
ばをりゆだひすせてぶう
しるもさむきちゅれぞ

2-1-b ② 注意分割（目的型アクティビティ）
食品をてきぱきと確認しましょう

■日常生活の中で早く正確にてきぱきと確認作業をすることは、認知症予防に有効な作業です。
「調べて」「確認して」「（場合によってはメモなどに）書き取る」という作業の連動が、効果を発揮します。

例えば、消費期限切れの食品を、冷蔵庫からてきぱきと探し出して整理するのも、そういった作業のイメージになるでしょう。
栄養面からも、いつも健康的な生活を考えたいものです。

たとえばこんな目的型アクティビティ……食品をてきぱきと確認する

【準備物】
（冷蔵庫に見立てた）ダンボール箱、お菓子や缶詰めなど、紙、筆記用具

てきぱきと正確に確認することを意識しましょう。

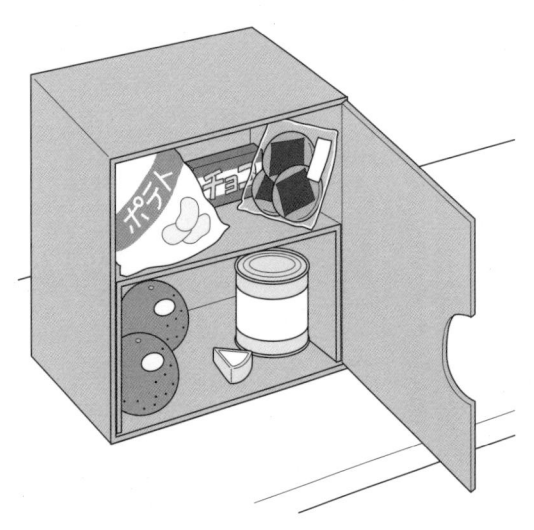

①冷蔵庫に見立てた箱（ダンボール箱で結構です）などに、お菓子や缶詰めなど、腐らないものを適当にいくつか入れておきます。

②一人ずつ順番に、食品の消費期限確認に挑戦します。てきぱきと行ないましょう。それぞれかかった時間を測ります。

認知症予備群は地域の高齢者の2〜3割を占める

認知症予備群と考えられている5つの認知領域（記憶・学習、注意、言語、空間）のいずれかで認知障害を持つ高齢者（加齢関連認知的低下／Aging-associated Cognitive Decline：AACD）は、地域の高齢者の2〜3割を占めることが分かっています。

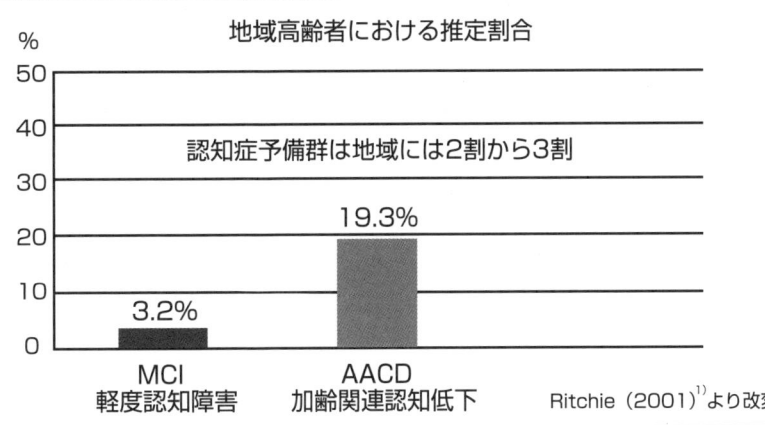

2・注意分割機能

③

③今日の感想を前で述べましょう。特にかかった時間の早かった人は、注意したこと、意識したことなどを参加した方々に話しましょう。家の冷蔵庫でも習慣化してはどうでしょうか。

認知症予防の必要を感じた理由

- 「ドキッとするような物忘れをすることがあって、認知症になるのではないかと心配になった」
- 「数年前から比べると計算がおぼつかなくなったりして、頭が働かなくなってきた」

注意分割機能を鍛えるために

注意分割機能を鍛えるためには、作業を「並行して」「早く正確に」行なう必要があります。

これはつまり、「ながら仕事」を行なうか、また作業を「てきぱき」と行なうという意味と同じことです。

注意分割機能

二つのことを並行して行なう際に、同時に気を配る能力のことです。「脳の前頭葉の機能」を高める効果が確認されています。

例／料理をしながら洗濯する

文献　1) Ritchie k, et al.：Classification criteria for mild cognitive impairment：a population-based validation study. Neurology 56：37-42, 2001.

2-2-a ② 注意分割（訓練型アクティビティ）
文字を早く探し当てましょう②

■たくさんの文字の中から指定の物を探し出すことで、認知症予防に効果のある「注意分割機能」を鍛えることができます。探し出す時間が短縮されるように努力してみましょう。

「注意分割機能」を鍛えるための訓練型アクティビティ……「文字抜き出しシート」を活用する②

注意分割力を養うために、文字を羅列した「文字抜き出しシート」を活用しましょう。

ここに羅列してある文字から、なるべく早く（リーダーがあらかじめ制限時間を決めておきます。必ずしも全部できなくてよいでしょう）正確に**指定の文字に○をつけてください**。正誤（○×）は作業終了後に全員で一斉に行ないましょう。

①　名前_____　　月　第　週目

問題：「な・ま・え」の3文字に、なるべく早く○をつけてください。（制限時間：20秒）

へおいむろはしをおむてへ
そみひたみてぬねすにめさ
んそていすふももゆこきう
けぬもほまふとよかひよほ
おけくあはれはにみへふも
をやゅあかくそてとらみと
うこつなねえれたにひうい

②

名前 _____　　　月 ___ 第 ___ 週目

問題:「名字」(※取り組むための「名字」(例:うつのみや／※自由に変更可能です。全員で取り組む文字を統一してください)に、なるべく早く○をつけてください。(※重複する文字がある場合、1つの○でよいでしょう)(制限時間:30秒)

へ ぱ お ぜ ぺ い ざ ろ ば に ぐ ん
そ の ぞ け ぢ ぬ も ぼ ほ ま ふ と
よ ご ぶ か ず あ が は ら ぷ み こ
つ な じ ど べ ね え や く わ を り
ゆ ぴ た び ぎ ひ す せ て う し る
さ ぽ だ む め き づ ち で れ げ あ
ど だ を ぬ ひ あ い お の な ふ を

2・注意分割機能

③

名前 _____　　　月 ___ 第 ___ 週目

問題:「名字と名前(氏名)」(※取り組むための「名字と名前(氏名)」(例:やまだとしひこ／※自由に変更可能です。全員で取り組む文字を統一してください)に、なるべく早く○をつけてください。(※重複する文字がある場合、1つの○でよいでしょう)(制限時間:40秒)

へ ぱ お ぜ ぺ い ざ ろ ば に ぐ ん
そ の ぞ け ぢ ぬ も ぼ ほ ま ふ と
よ ご ぶ か ず あ が は ら ぷ み こ
つ な じ ど べ ね え や く わ を り
ゆ ぴ た び ぎ ひ す せ て う し る
さ ぽ だ む め き づ ち で れ げ あ
ど だ を ぬ ひ あ い お の な ふ を

2-2-b ② 注意分割（目的型アクティビティ）
聞き書きを行ないましょう

■「聞き書き」は、相手（発言者）の発した言葉を理解・記憶しながらそれを紙に書き記す、という"ながら作業"が必要です。このながら作業もまた、注意分割機能を鍛えるのに効果的です。人と会話をする時には、相手の話にしっかりと耳を傾けて、それを理解する努力が常に欠かせません。話を「聞く」「理解する」「判断する」「計画する」「話す」などいくつもの注意を同時に払うよう心掛けます。人の話を親身になって聞き、また話の腰を折らない、流れを損なわないように上手に会話をしましょう。

たとえばこんな目的型アクティビティ……　**お隣さんをみんなに紹介する**

【会話のヒント】
　まずは挨拶から始めると、お互いに好印象でしょう。いきなり飛び込んだ話はしないで、昨日の夕食や好きなテレビ番組のことなど、差し障りのない内容を通じて徐々に距離を縮めていきます。

【紹介文作成のポイント】
　生い立ちや家族構成などは、プライベート色の濃い内容ですので、避けてもらいたいところです。趣味や余暇活動、ボランティア活動など、その人の外での活動が見える紹介文を心掛けると好印象な内容に結びつきやすいでしょう。休日の過ごし方なども盛り込むのもよいでしょう。

①

①ペアを作って、お互いの自己紹介文を作成します。自然な会話を通して、その人の興味や特技などを引き出しましょう。

②

まずは、メモ程度からです。紹介のためのキーワードやポイントを記しつつ、文章を考えましょう。

②会話を通じて聞き出せた情報メモを、相手の自己紹介文として簡単な文章にまとめていきます。どちらの作業も同時に進めましょう。

「聞き書き」の練習を事前に行なっておくのもよい

「聞き取り」「聞き書き」の事前練習を次に挙げるような方法で行なうのもよいでしょう。リーダーが前に立ち、時間を等間隔にあけて、適当な単語を挙げていきます。それらを全てメモしていきましょう。これは聞き取りの練習ですので、挙げる速さについていけない場合、参加者は手を挙げて進行を止めてもらうのもよいでしょう。「作業を同時進行させる」感覚をつかみましょう。

2・注意分割機能

【紹介時のヒント】
参加者全員に聞こえるように、大きな声でしっかりと紹介をしましょう。

聞き手側は、紹介するために前に立ったペアを拍手で迎え、終わった時にも拍手を送ってあげましょう。

③ ペアで前に出て、相手の紹介を行ないます。相手のことが、みなさんに好印象をもたれるよう努めましょう。

聞き書きで養った能力を日常生活に活かしましょう

相手の話に耳を傾け、話の要点を把握できるようになると、「会話」が上手になります。「孤立」という環境は、認知症の発症を進行させることが考えられます。会話上手になって、是非たくさんの人との交流をもちましょう。

お茶会を開く、記念パーティーを開く、といった動機付けで、友人・知人を家へ招く、または招かれる、といった関係を築けば、それだけで認知症予防の手立てとなり得るのです。

会話上手の秘訣

- 恥ずかしがらずに、どんどん発言する
- 話の流れを損ねない（話の腰を折らない）
- はっきりと口を開け、大きな声で話す
- 相手の話を最後まで聞く。途中で話を遮らない
- 普段からたくさんの雑多な情報を得るために、アンテナを張っておくと、会話の引き出しが増えていく
- 話が伝わりにくいな、と思ったら、身振り手振りも交えて話してみる

2-3-a ② 注意分割（訓練型アクティビティ）
間違いを早く探し当てましょう

■似たようなたくさんの絵の中から間違いを探すことで、「注意分割機能」を鍛えることができます。絵の間違いをよく見極めて、かつできるだけ早くチェックを入れてみてください。

「注意分割機能」を鍛えるための訓練型アクティビティ ……「違い探しシート」を活用する

注意分割力を養うために、違いのあるイラストを並べた「違い探しシート」を活用しましょう。P38・39の①②③は例題です（必要に応じて各シートを拡大するなどして取り組んでみてください）。

ここに並べてあるイラストの中から、なるべく早く正確に**指定のイラストを斜線で消してください**。正誤（○×）は作業終了後に全員で一斉に行ないましょう。

---

①

名前 _____　　　月　第　週目

問題：「ヒゲが2本のネコ」をなるべく早く斜線で消してください。　（制限時間：15秒）

②

名前　　　　　　　　　　　　　　　　　　　　月　第　週目

問題：「ヒゲが3本で目の小さいネコ」をなるべく早く斜線で消してください。　（制限時間：20秒）

2・注意分割機能

③

名前　　　　　　　　　　　　　　　　　　　　月　第　週目

問題：「ヒゲが2本で目は大きく鼻の白いネコ」をなるべく早く斜線で消してください。　（制限時間：25秒）

2-3-b ② 注意分割（目的型アクティビティ）
料理を並行して作りましょう

■料理を作る際には、一度に二つ以上の作業を並行して進める必要があり、それが「注意分割力」を鍛えます。

実際の手順を考え、上手に作業を進行できるよう模擬体験をしましょう。

料理を行なうことで、食材に興味を持つ、という効果も期待できるでしょう。

たとえばこんな目的型アクティビティ……料理を並行して作る

【トンカツ定食のセット内容（例）】
トンカツ、キャベツ（千切り）、ご飯、ミソ汁、漬物（タクアンなど）

【トンカツの準備物（例）】
豚ロース、卵、塩、コショウ、小麦粉、パン粉、油、トンカツソース

【トンカツ定食の各料理手順】
- トンカツ／豚ロースを包丁の裏で叩く→塩とコショウを少々振りかける→小麦粉をまぶし、卵にくぐらせ、パン粉をつける→油で揚げる
- キャベツ（千切り）／千切りにする→水で洗う
- ご飯／水加減に注意して、炊く
- ミソ汁／ダシを取り、好きな具材を入れる→ミソを溶く
- 漬物（タクアンなど）／切る

①

ここでは「トンカツ定食」としていますが、その他のセットメニューでも対応できます。

①トンカツ定食の絵から想像を膨らませて、実際に自分が作る行程を、具体的に想像してみましょう。

②

※下は記入表の例です

【元になる食材名】

【料理名】	【必要な食材・調味料など】
●トンカツ	豚ロース、卵、塩、コショウ、小麦粉、パン粉、油、トンカツソース
●キャベツ（千切り）	キャベツ
●ご飯	米
●ミソ汁	油揚げ、豆腐、ミソ、ダシ（ニボシ・カツオブシ）
●漬物	タクアン

②トンカツ定食に必要な食材を、表として、紙に思いつく限りそれぞれ書き出しましょう。

弁当の内容を考える

【準備物】筆記用具

メインになる"食材"は、例えば鶏肉や卵など、いくつかの料理に使えそうな物にします。

● アクティビティを行なう前に、弁当の内容を考えるのもよいでしょう。メインになる"食材"で、最低2品の料理を作る、というルールのもと、おかずの内容を考えていきます。

おかずを考える際、彩りや栄養面なども考慮しましょう。

2・注意分割機能

③

【スケジュール表作成のヒント】
下の表は例です。スケジュールは、できるだけ細かく書き込みましょう。また、作業が並行する時間を頭の中でしっかりとイメージすることが重要です。

【時間】	【料理名】				
	トンカツ	キャベツ（千切り）	ご飯	ミソ汁	漬物
●16:00			水加減に注意して、炊く		
●16:15		切る			
●16:30	豚ロースを包丁の裏で叩く				
●17:10					

③次に、実際の料理の流れを、時間を追って書き出してみましょう。頭の中で、並行作業を具体的に模擬体験することが重要です（※「食材表」と「スケジュール表」を作成するため、紙は2枚用意しておきましょう）。

食材やテーマを絞る

料理に関するアクティビティでは、食材や季節的なテーマを決めて、2品以上の料理を同時に作るなどもよいでしょう。

効率のよい食事作り

● それぞれの料理の、時間配分を工夫する
● 段取りよく下ごしらえを済ませておく
● 料理（または調理済み食材）は一度にたくさん作り、冷凍など保存しておく

2-4-a ② 注意分割（訓練型アクティビティ）
早く正確に記号の判断をしましょう

■記号に「足す」「引く」「掛ける」の意味を持たせて、何の記号かをてきぱき判断することで、注意分割機能を鍛えることができます。

「注意分割機能」を鍛えるための訓練型アクティビティ ……「記号計算シート」を活用する①

注意分割力を養うために、「記号計算シート」を活用しましょう（必要に応じて各シートを拡大するなどして取り組んでみてください）。各シートの指示のとおり、**何の記号か判断して数字の計算を行なってください。**
正誤（○×）は作業終了後に全員で一斉に行ないましょう。

---

① 名前 _____ ___月 第___週目

問題：「∨」は足し算を行なう記号です。隣り合った数字を足して、∨の下に数字を書いてください。

1 ∨ 2　　3 ∨ 4　　5 ∨ 6　　7 ∨ 8　　9 ∨ 1

7 ∨ 8　　9 ∨ 4　　2 ∨ 6　　4 ∨ 4　　5 ∨ 6

1 ∨ 9　　3 ∨ 8　　7 ∨ 5　　1 ∨ 9　　7 ∨ 8

2 ∨ 4　　6 ∨ 9　　1 ∨ 3　　8 ∨ 5　　4 ∨ 2

①　名前 _____　　__月 第__週目

問題:「∨」は足し算、「∧」は引き算を行なう記号です。隣り合った数字を足し引きして、∨∧の下に数字を書いてください。

9 ∧ 3　　8 ∨ 1　　6 ∧ 6　　3 ∧ 1　　5 ∨ 4

5 ∧ 4　　8 ∧ 7　　4 ∨ 4　　5 ∧ 2　　6 ∨ 7

9 ∨ 7　　7 ∧ 1　　9 ∧ 2　　8 ∨ 4　　9 ∧ 1

4 ∨ 5　　8 ∧ 2　　1 ∨ 3　　1 ∨ 8　　7 ∧ 3

①　名前 _____　　__月 第__週目

問題:「∨」は足し算、「∧」は引き算、「=」は掛け算を行なう記号です。隣り合った数字を足し引き掛けるなどして、∨∧=の下に数字を書いてください。

2 ∧ 2　　6 ∨ 9　　4 = 1　　9 ∧ 0　　8 = 2

6 ∧ 8　　7 ∧ 3　　4 ∨ 7　　0 = 1　　5 = 5

9 = 6　　8 ∧ 0　　3 ∧ 0　　1 = 2　　7 ∧ 3

0 ∨ 4　　5 = 9　　0 ∨ 1　　2 = 2　　0 ∨ 5

2・注意分割機能

2-4-b ② 注意分割（目的型アクティビティ）
早く正確に電卓を打ちましょう

■レシートの数字は、「ただの数字の羅列」といった感じに見えて、てきぱきと計算をするのにケアレスミスを誘発しやすいでしょう。
数字を注意深く確認しながら、頭の中でその意味を投影することもトレーニングとなるでしょう。

早く正確に打つことと同時に、目に止めた数字を間違いなく打つこと、この両方を意識する必要があります。
光熱費の把握のために、毎月作業を行なってみてはどうでしょうか。

たとえばこんな目的型アクティビティ……月の光熱費を計算する

【準備物】
先々月の光熱費のレシート（通知書）、先月の光熱費のレシート（通知書）、筆記用具

①電気代、ガス代などを電卓で合算して、月の光熱費を紙に書き出します。

②できるだけてきぱきと行なうように心掛けましょう。

レシートを使って電卓を打つ

【準備物】
レシート（好きなだけ）、電卓、筆記用具

- 「レシートを見ながら電卓を打つ」、これも注意分割のトレーニングにつながると思われます。

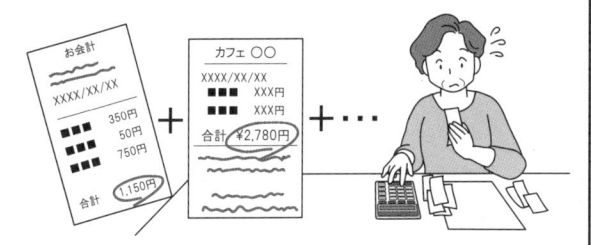

- 適当に手にしたレシートの「合計金額」欄の数字を足していきます。その時、4ケタのものだけを打ち込むなど、注意すべきことを増やしてやってみましょう。

2・注意分割機能

③

電気やガスの無駄使いなどに、心当たりはありませんか？

③前の月の光熱費との差を計算します。
このように、てきぱきと、しかもいくつかのことを並行してやることを習慣化していきましょう。

レシートを使って

レシートの利用法として、次のようなものも考えられます。

①食費・日用品・交通費など、用途別に分けながら電卓を打つ

②レシートを1週間分、あるいは1ヶ月分用意し、曜日ごとやたとえば「2」のつく日のものを集めながら電卓を打つ

光熱費を効果的に節約するために

・使用していない電気製品のコンセントを抜いて待機電力を少なくする
・エアコンなどは、使わない季節はコンセントを抜いておく
・シャワーの時間を短くする
・湯舟の湯の沸かし過ぎを防ぐため、タイマーを設定する
・風呂の残り湯は洗濯や掃除、花壇の水やりなどに活用する
・時には水もれがないか点検する。全ての蛇口をきちんと閉めて、水道メーターが動いていないかをチェックする
・食器は、桶に水をためて洗う
（注意を向ける要素を増加することにつながるかもしれません）

2-5-a ② 注意分割（訓練型アクティビティ）

早く正確に記号を数字に置き換えましょう

■記号に込められた数字の意味を解読しつつ、該当する数字を書き出すという作業を同時に進めることで、注意分割機能が鍛えられます。

「注意分割機能」を鍛えるための訓練型アクティビティ……「記号計算シート」を活用する②

注意分割力を養うために、「記号計算シート」を活用しましょう（必要に応じて各シートを拡大するなどして取り組んでみてください）。各シートの決まりのとおり、**順番に数字を書き出してください**。正誤（○×）は作業終了後に全員で一斉に行ないましょう。

△は2で※は…

①

名前 _____　　　月　第　週目

問題：「⊥は1」「△は2」「※は3」とします。記号の下に該当する数字を書きましょう。（制限時間：1分10秒）

⊥	△	※	△	※	⊥	△	※	⊥	※

△	※	⊥	△	⊥	※	△	⊥	△	※

※	⊥	△	※	⊥	△	⊥	△	※	△

⊥	△	※	⊥	△	⊥	※	⊥	△	※

※	⊥	※	△	※	⊥	△	※	△	⊥

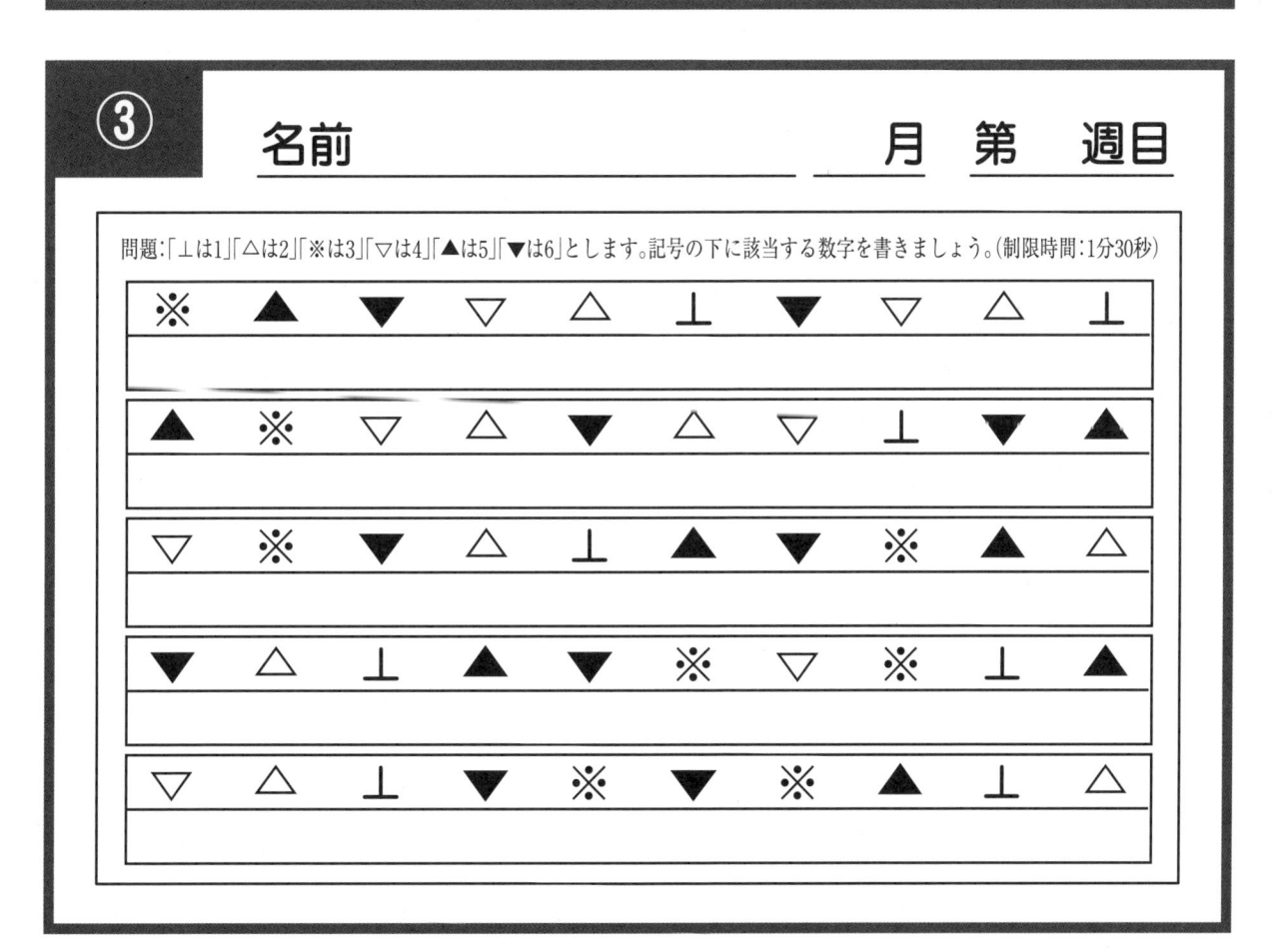

②

名前 _____ ___月 第___週目

問題:「⊥は1」「△は2」「※は3」「▽は4」とします。記号の下に該当する数字を書きましょう。(制限時間:1分20秒)

▽	△	※	△	⊥	▽	※	※	▽	⊥

※	⊥	▽	△	※	⊥	▽	△	⊥	△

▽	△	※	▽	⊥	※	△	※	⊥	△

△	▽	※	▽	⊥	△	※	▽	⊥	※

⊥	※	⊥	▽	△	※	⊥	△	▽	△

2・注意分割機能

③

名前 _____ ___月 第___週目

問題:「⊥は1」「△は2」「※は3」「▽は4」「▲は5」「▼は6」とします。記号の下に該当する数字を書きましょう。(制限時間:1分30秒)

※	▲	▼	▽	△	⊥	▼	▽	△	⊥

▲	※	▽	△	▼	△	▽	⊥	▼	▲

▽	※	▼	△	⊥	▲	▼	※	▲	△

▼	△	⊥	▲	▼	※	▽	※	⊥	▲

▽	△	⊥	▼	※	▼	※	▲	⊥	△

2-5-b ② 注意分割（目的型アクティビティ）
電話番号を書き留めましょう

■てきぱきと正確に電話帳から電話番号を探し当てることができますか？ 日頃からそういう習慣はありますか？
自分の生活に関わるところの電話番号をたくさん調べてみましょう。
また、必要と思われる電話番号は、覚えるようにすると良いでしょう。

たとえばこんな訓練型アクティビティ……てきぱきと正確に電話帳を活用する

【準備物】
電話帳、筆記用具

①

はじめはゆっくりと番号を伝え、徐々にその速度を早くしていきましょう。

○○スーパー

①電話帳の中から、リーダーの指定した店や施設の電話番号を調べ、てきぱきと正確に紙へと書き出します。

②

○○小学校

○○青果

○○病院

②左頁①の作業を、同様にして何件か行ないましょう。早さを徐々に上げていきます。

電話番号を書き取る・聞き取る

【準備物】筆記用具

①
```
090-XXXX-XXXX
XXX-XXX-XXXX
03-XXXX-XXXX
```

①アクティビティを行なう前に、電話番号を書き取る練習をするのも良いでしょう。リーダーはホワイトボードにいくつかの電話番号を書き出し、各人がそれを正確になるべく早く書き写していきます。

②
```
070-XXXX-XXXX
06-XXXX-XXXX
0120-XXX-XXX
```

②次は聞き取りの練習です。リーダーが架空の電話番号を声を出して読み、それを次々と書き取っていきます。最後に一斉に正誤を確認しましょう。

③

```
○○スーパー    XXX-XXXX
○○小学校     XXX-XXXX
○○青果      XXX-XXXX
○○病院      XXX-XXXX
```

電話番号探しは、早さと正確さを重視して探す、または書き取るように心掛けます。

③最後に、その正誤をチェックしてみましょう。

2・注意分割機能

重要な電話番号は…

普段からよくかける番号、また緊急時に必要となる番号などを書き出して、部屋のよく見える場所に貼っておくとよいでしょう。

また、いつもそれを見て、たとえば掃除をしながら声に出して読むなどし、自然と番号を覚えるよう、少しの意識を傾けておくようにしましょう。

電話帳を活用する利点

地域の情報を収集したり、目的の店を探すのに便利です。インターネットを活用すると情報が多くて困ることがありますが、あらかじめある程度整理された情報を検索する、というのが電話帳の利点でしょう。調べながら書き留めることを繰り返しやってみましょう。

第3章:「計画力(思考力)」を鍛える認知症予防アクティビティ

3-1-a 「散歩ルート地図」テスト (訓練型アクティビティ)

■近所の地図を参照しながら「散歩ルート地図」を作りましょう。実際に生活をするうえでよく利用する店や施設なども散歩ルートに取り込むことで、より生活に密着した、必然性のあるものになります。

「計画力(思考力)」を鍛えるための訓練型アクティビティ ……… 「散歩ルート地図」テスト

計画力(思考力)を養うために、「散歩ルート地図」テストに取り組みましょう。P50に指示・課題を、P51に地図を掲載しています。**指示に従って、課題を解決していきましょう。**

●指示・課題

【指示(立ち寄る場所及びそこですること/※立ち寄る順番は自由です)】
- 病院(友人宅に遊びに行く前に立ち寄る)
- 菓子屋
- 友人宅(お土産を買って遊びに行く)
- スーパー(夕食の買い物をして帰る)
- 郵便局(郵便物を出す)
- 保健所

【課題(道程の基本的なルール)】
- できるだけ身軽に行動する(荷物をあまり抱え込まない)
- 気分転換のためできるだけ違う道を通る(同じ道をできるだけ通らない)

●地図

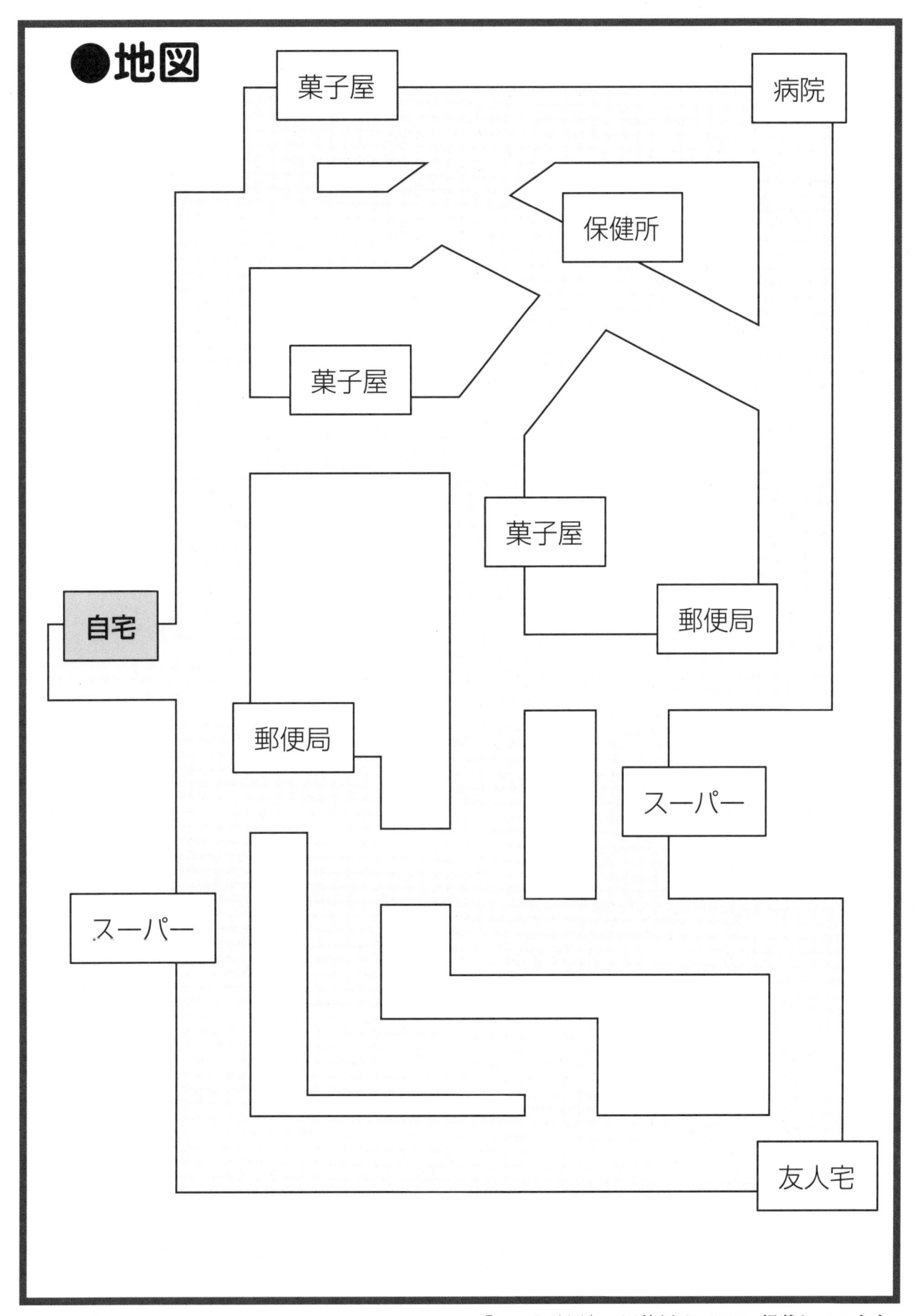

(地図中の施設)
- 菓子屋
- 病院
- 保健所
- 菓子屋
- 菓子屋
- 自宅
- 郵便局
- 郵便局
- スーパー
- スーパー
- 友人宅

※この「ルート地図」の回答例は、P96に掲載しています。

3・計画力（思考力）

3-1-b ③計画力（思考力）（目的型アクティビティ）
目的地までのルートを計画しましょう

■旅行の計画をたてて、それを実行に移すためには、「計画力」などの「思考力」を充分に活用する必要があります。
ただ単に旅行の計画をたてるわけでなく、複数人のグループで話し合いながらあれこれと計画をたてることで、「注意分割力」も併せて鍛えることができるのです。
トレーニング的に取り組むのではなく、せっかくの機会ですから、グループでワイワイと賑やかに話を盛り上げながら、楽しく取り組みましょう。

たとえばこんな目的型アクティビティ……3人で旅行プランを計画する

【準備物】
旅行パンフレット（たくさん）、時刻表、地図（あれば全国地図・地域地図とも）、出納表、ペン、行きたい土地の写真や資料など（グループを組む人に参考として見てもらいます）

【プラン作成のヒント】
その目的地でかねてより訪れたかった所、やりたかったことがあれば、遠慮せずに述べましょう。プランやスケジュールにとらわれず、どんどん希望を述べましょう。

①
まずはだいたいの目的地を絞り、範囲を限定しましょう。

横浜　北海道　京都

①グループごと（ここでは3人グループを想定しています）に「旅行プラン」を考えます。まずは大体の目的地（地方）を絞ります。

②
目的地が決まったら、現地での内容を決めます。

哲学の道　南禅寺の湯豆腐　銀閣寺

②その目的地で、各人のぜひとも行ってみたい所、やってみたいことを遠慮せずに述べ合います。3つのスポットが決まれば、そのいずれも訪れることができるようなプランを組みましょう。

「スケジュール・プラン表」

右の図表は、「スケジュール・プラン表」の見本を示したイラストです。プラン作成の際の注意点としては、①交通アクセスをしっかりと調べる、②必要な金額を確認しておく、③日程・行程をある程度決めておく、といったことが抜けないように注意して作成しましょう。

```
京都旅行（〇月〇日(〇)〜〇日(〇)）

1日目
東京駅　午前X:XX発
　↓新幹線のぞみXXX号
京都駅　午前XX:XX着
　↓バス
宿　昼食
　↓バス
清水寺・高台寺・円山公園 散策
　↓歩き
えびいも料理　午後X:XX予約
　↓バスかタクシー
宿

2日目
宿　朝食
　↓バス
銀閣寺
　↓歩き
哲学の道　昼食
　↓歩き
南禅寺湯豆腐　午後X:XX予約
　↓バス
京都駅　午後X:XX発
　↓新幹線のぞみXXX号
東京駅　午後X:XX着
```

3・計画力（思考力）

【発表時のヒント】
参加者全員に聞こえるように、大きな声でしっかりと発表をしましょう。

聞き手側は、発表するために前に立ったグループを拍手で迎え、終わった時にも拍手を送ってあげましょう。

③

③スケジュール表・プラン表を作成します。その際、かかる費用や日数、持ち物なども明記しておきましょう。できあがったら、前に出てみんなの前で発表しましょう。

自分らしい旅行を計画しましょう

パック旅行より、自分で多くを計画した旅行は、旅行を楽しいものにするだけでなく、計画力も鍛えます。

自分が本当に行きたい所、自分らしい旅行を楽しみながら計画しましょう。

計画力（思考力）

物事の手順を考える能力のことです。

計画力が鍛えられると、注意分割力と同じく、「脳の前頭葉の機能」を高める効果が確認されています。

例／旅行の計画を立てる

3-2-a ③ 計画力（思考力）（訓練型アクティビティ）
「買い物ルート地図」テスト

■スーパーに買い物に行く時、店内の効率的なまわり方をいつも考えていますか？　まわる順番を上手く組み立てることで、余計な負担を少なくし、より楽しく買い物をすることができるのです。

「計画力（思考力）」を鍛えるための訓練型アクティビティ……「買い物ルート地図」テスト

計画力（思考力）を養うために、「買い物ルート地図」テストに取り組みましょう。P54に指示・課題を、P55に地図を掲載しています。**指示に従って、課題を解決していきましょう。**

●指示・課題

【指示（買う物／※立ち寄る順番は自由です）】
- ●豚肉ロース
- ●小麦粉
- ●卵
- ●シメジ
- ●冷凍ホタテ貝
- ●トイレットペーパー・6ロールセット
- ●アイスクリーム

【課題（道程の基本的なルール）】
- ●なるべく身軽に店内をまわる（重い物・大きな物の購入は後回しにする）
- ●最短コースを考える
- ●溶ける物は最後に購入する

●地図

- トイレットペーパー6ロールセット
- 豚肉ロース
- アイスクリーム
- 小麦粉
- 冷凍ホタテ貝
- 卵
- シメジ
- レジ
- 出入口

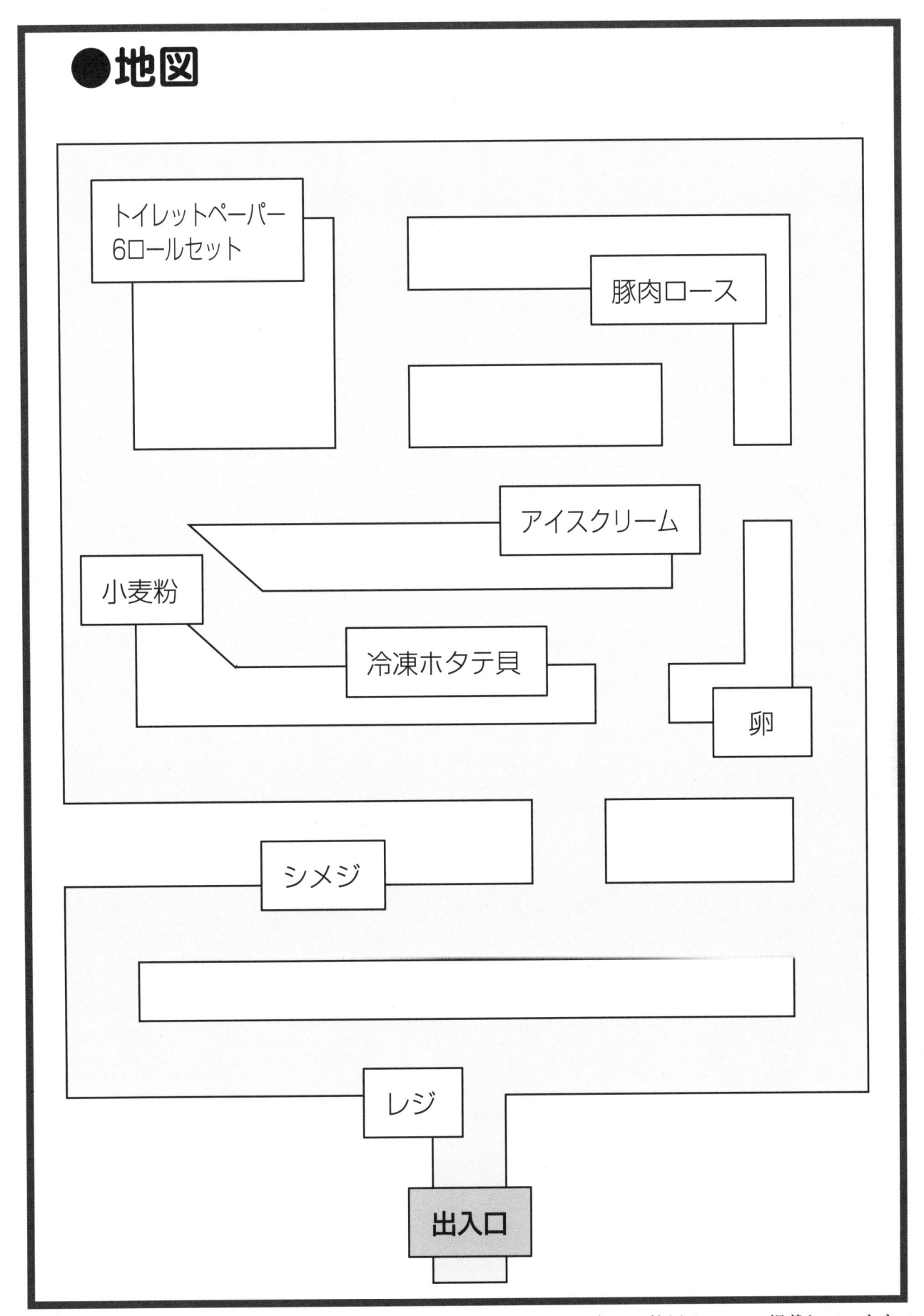

※この「ルート地図」の回答例は、P96に掲載しています。

3・計画力（思考力）

3-2-b ③ 計画力（思考力）（目的型アクティビティ）
ご近所マップを作りましょう

■近所で道を尋ねられたら、分かりやすく道案内をすることができますか？
道案内は、「人に道を尋ねられる」「近所の地図を思い浮かべて、目的地までの道順を組み立てる」「上手く相手に伝える」といった複数の作業を組み立てる必要があります。
まずは近所の主な地形や店、施設などの位置関係を把握するところから始めましょう。
「ご近所マップ」を作成することは、その整理作業にもなるのです。

たとえばこんな目的型アクティビティ……**的確に道案内をする**

【準備物】
紙、筆記用具、近所の地図（のコピー）、定規

① 「どこで道を訊ねているのか」を明確にし、また、行き先としては店や施設など、具体的なポイントを想定しておきます。

①P57上「『ご近所マップ』を作る」を参考に、把握した記憶を生かしましょう。回答者を一人決め、質問者が思いつく行き先までの道順を訊ねます。

② 教える際、慌てる必要はありません。ゆっくりと落ち着き、冷静になって「ご近所マップ」を頭に思い起こして、順序良く教えましょう。

②聞いた情報から地図を思い浮かべ、道順を正確に組み立てます。訊ねられた行き先までの道順を教えます。

「ご近所マップ」を作る

【準備物】
近所の範囲が記された地図（人数分をコピーしておく）、筆記用具

①近所の範囲で、簡単な地図を描いてみましょう。普段からよく歩いて見知っている近所の範囲です。よく足を運ぶ店や施設なども、地図上にマーキングしておきましょう。

②近所の範囲が記された地図と左の①で描いた地図を照らし合わせて、どれくらい正確にかけたのかを確認します。地図を参考にしながら、自分なりの「ご近所マップ」を完成させましょう。

> 道順を教える際、メモ用紙（やホワイトボード）に即興で簡易地図を描いてあげるなど、個人で工夫を行なうのも良いでしょう。

③質問者は、回答者の教えてくれた道順で、行き先まで辿り着くことができそうかどうか、判断します。道順が危うい場合は、追加で質問をするなども良いでしょう。

人に道を教える時の注意

- 頭の中で道順を組み立ててから、相手に伝える
- 慌てて早口で話さない。きちんと伝わるようにゆっくりと話す
- 相手の視点になって考える
- 身振りや手振りを用いるなど、相手にイメージを伝えやすい工夫を自分で考えてみる
- 簡易の地図などを即興で描いてあげるのもよい
- 大きな看板や郵便ポストなど、目印になりやすいものをポイントにして、道順を考える
- 相手が道順を理解できたか、最後に確認する
（相手が目的地まで迷わずにたどり着けるよう、効率的な道順を考えて教えましょう）

3・計画力（思考力）

3-3-a ③ 計画力（思考力）（訓練型アクティビティ）
「遊園地ルート地図」テスト

■遊園地をまわる時、どれに乗りたいか・遊びたいか、順序を楽しく組み立てますね。絶叫マシン、観覧車、お化け屋敷、など、実際に遊びに行くことを想定して、テストに取り組んでみてください。

「計画力（思考力）」を鍛えるための訓練型アクティビティ………「遊園地ルート地図」テスト

計画力（思考力）を養うために、「遊園地ルート地図」テストに取り組みましょう。P58に指示・課題を、P59に地図を掲載しています。**指示に従って、課題を解決していきましょう。**

●指示・課題

【指示（立ち寄る場所／※立ち寄る順番は自由です）】
- ●観覧車
- ●お化け屋敷
- ●ジェットコースター
- ●コーヒーカップ
- ●急流すべり
- ●ゴーカート
- ●レストラン

【課題（道程の基本的なルール）】
- ●気分転換のためできるだけ違う道を通る（同じ道をできるだけ通らない）
- ●中間（4つ目）に、昼食としてレストランに立ち寄る
- ●ジェットコースターは最後に乗る

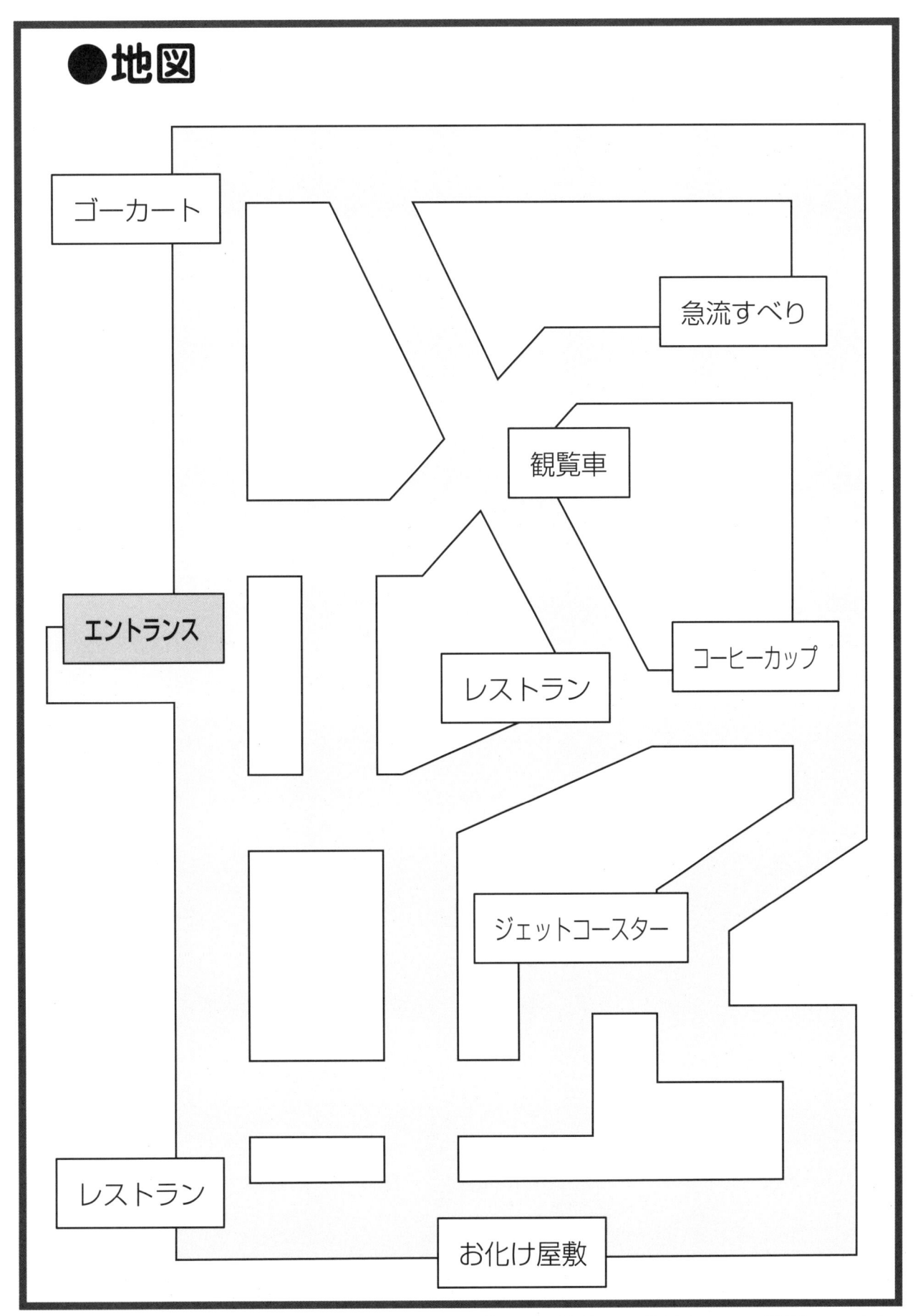

●地図

- ゴーカート
- 急流すべり
- 観覧車
- エントランス
- レストラン
- コーヒーカップ
- ジェットコースター
- レストラン
- お化け屋敷

※この「ルート地図」の回答例は、P96に掲載しています。

3・計画力（思考力）

3-3-b　③計画力（思考力）（目的型アクティビティ）
囲碁・将棋・麻雀を楽しみましょう

■囲碁や将棋、麻雀も「計画力」をよく使います。相手の手を読む、一つ先の自分の手を考えておくなど、豊かなゲーム性の中にも、手順を綿密に組み立てていく必要が、これらの遊びには含まれています。
囲碁や将棋なら2人で、麻雀なら4人で楽しむことができるでしょう。
4人で楽しむと、先の展開を予想することも格段に難しくなります。ぜひ、麻雀にも一度挑戦してみてください。
楽しみながら計画力（思考力）を鍛えましょう。

たとえばこんな目的型アクティビティ……　囲碁・将棋・麻雀を楽しむ

●2人で囲碁を打ちましょう。碁の種類は少ないですが、戦略の展開は無限に考えられます。計画を練って碁を並べていきましょう。

●2人で将棋をさしましょう。駒にはそれぞれ不利・有利な性質があり、考えられる戦略の選択肢もバラエティー豊かです。

過程の手順を考える「計画力（思考力）」

物事を実際に進めていく際、目的は同じでも、そこに至るまでの経過・方法はいくつか選択できる場合が少なくありません。

「計画力（思考力）」は、その経過・方法を、たくさんのパーツ（場面）から選び出して組み立てるのに必要な能力のことです。

「時間的・物質的に効率的であること」を最重視する場合もあれば、「楽しめること」「有意義であること」など精神的な部分に重きを置く場合もあるでしょう。いずれにしても、過程の手順を考える「計画力（思考力）」は、実生活に大きな影響力を及ぼします。この能力を鍛えることで、認知症予防はもちろん、生活自体も豊かなものになると考えられるのです。

3・計画力（思考力）

●4人で麻雀を楽しみましょう。多人数でゲームを行なうことで、読みが複雑になり、計画の組み立て方法も多岐にわたってきます。

どんな趣味活動が認知症予防に効果があるのか？

東京都町田市で行なった調査では、旅行や料理、パソコン、麻雀・トランプ、囲碁・将棋、園芸などを趣味としている人は、認知機能に関わる日常生活能力が低下しにくいことが分かっています。

例えば、旅行をしていない（あるいは年に3回以下しか旅行をしない）人は、年4回以上旅行をしている人に比べて認知機能低下の危険性が8.5倍になり、パソコンを週1回未満しかしない人は毎日行なう人に比べて4.1倍の危険度になっていました。

前述の趣味などは、認知症予防に効果を発揮すると考えられるのです。

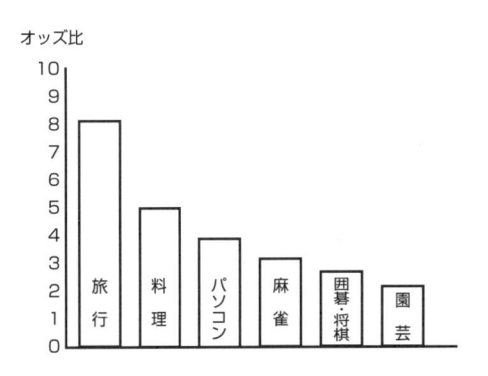

オッズ比：よくしている人を1とした場合、あまりしていない人の日常生活能力障害の危険度

3-4-a ③ 計画力（思考力）（訓練型アクティビティ）
「展覧会ルート地図」テスト

■化石、絵画、などさまざまな展示・展覧会が開かれています。この展覧会は知の宝庫です。これらの題材・テーマに興味を持つことで、頭の働きが活発化されます。展覧会に足を運んでみましょう。

「計画力（思考力）」を鍛えるための訓練型アクティビティ………「展覧会ルート地図」テスト

計画力（思考力）を養うために、「展覧会ルート地図」テストに取り組みましょう。P62に指示・課題を、P63に地図を掲載しています。**指示に従って、課題を解決していきましょう。**

●指示・課題

【指示（立ち寄る場所／※立ち寄る順番は自由です）】
- ●絵画
- ●化石
- ●車
- ●エコプロダクト（エコ商品）
- ●民族楽器・衣装
- ●陶芸
- ●版画
- ●農村文化・農具

【課題（道程の基本的なルール）】
- ●同じ道は通らない
- ●「絵画」と「版画」には2回立ち寄る（ただし、それぞれ連続で訪れることはできない）

● 地図

3・計画力（思考力）

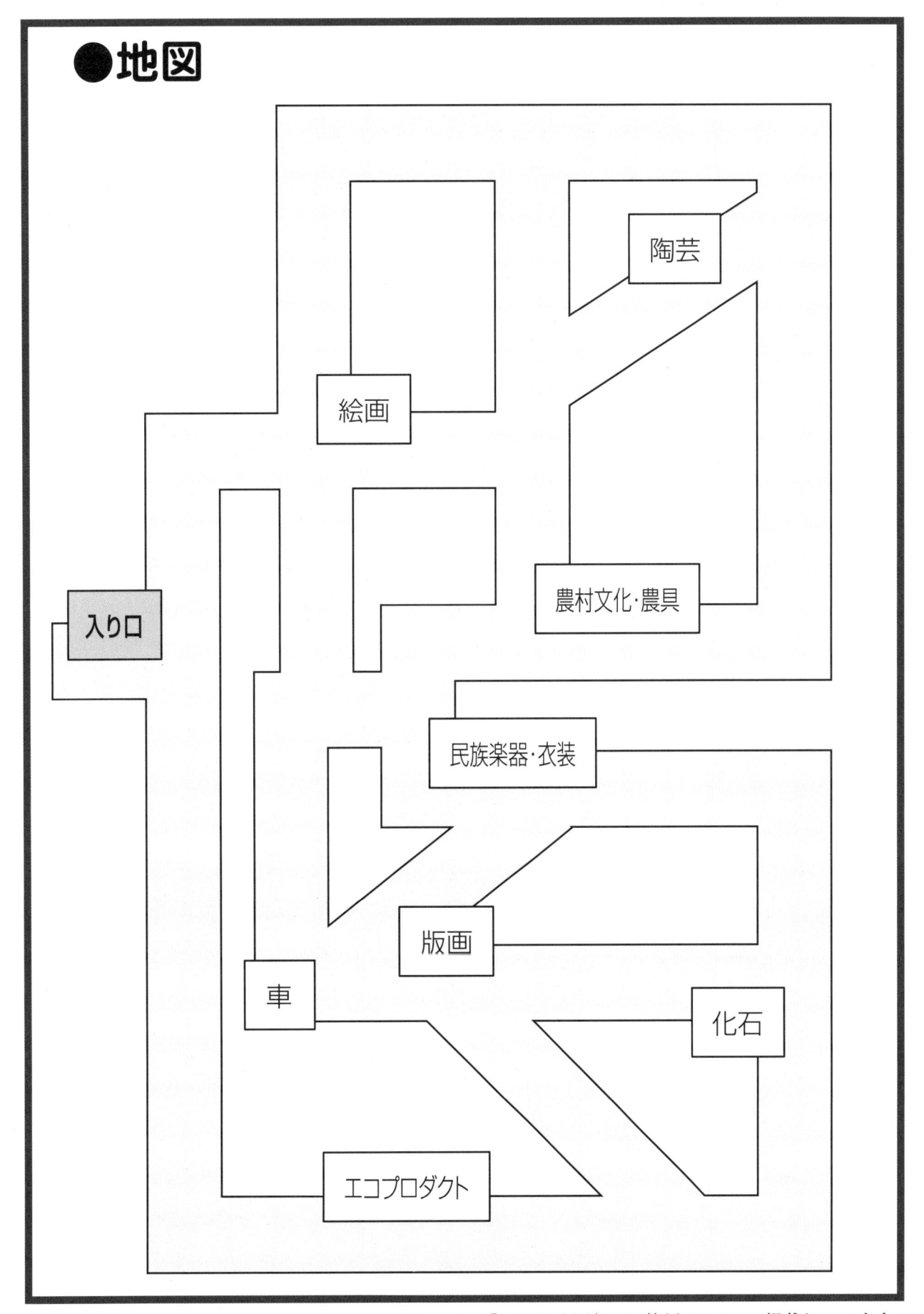

※この「ルート地図」の回答例は、P96に掲載しています。

3-4-b ③ 計画力（思考力）（目的型アクティビティ）
家計を計画しましょう

■高齢者だからといって、お金の管理に対しての能力がひどく低下するわけではありませんし、また、疎くなるのも良いことではありません。家計をしっかりと管理しましょう。

いつまでもお金とその管理に敏感であることが、精神的な老化を遅め、またそれが認知症予防に影響してきます。

数字はとても客観的なデータです。出費を抑え、それが毎月の数字に明確に表れてくると、とてもやる気が湧き出てくるものです。

たとえばこんな目的型アクティビティ……家計を計画するために「家計簿」をつける

【準備物】
月の分のレシート、電卓、家計簿（またはノート）、筆記用具

このアクティビティを機会に、月の光熱費の記入帳を作ってみるのも良いでしょう。

①持参したレシートの金額を電卓で合算します。

②前の月と比べて支出の具合はどうか、検証して家計簿（またはノート）にまとめます。支出が多いのなら、その要因を考えてみましょう。

やりくり上手になるための「計画力（思考力）」

　高齢者だからといって、家計がずさんになっていいということはありません。やりくり上手になって家計の無駄を省き、余暇活動や趣味に余剰分を使いたいものです。生活と密着した家計を計画的に考えることで、主体的に認知症予防活動に取り組んでいることにもなります。

　このように、生活と認知症予防活動を結びつけ、無理なく長く続けられる習慣を身につけることがとても重要なのです。ぜひ、やりくり上手になってください。

今月は年金が入ってカルチャーセンターの更新もあるから…

家計簿をつけて計画力を鍛える

　家計簿をつけて収入や出費などの状況を把握することで、家計のやりくりを工夫する手立てをいろいろと考えられるようになるかもしれません。

　いくつもの工夫をぜひ、考えてみてください。

　習慣的に家計簿をつけることで、「旅行に行きたいから、まとまったお金が必要」など、将来に何らかの目標を立てることにつながり、その目標に向かって出費を抑える方法を考えたり、貯金の計画を立てるなど、計画力を働かすようになると思われるのです。

出費が抑えられ、それが明確に数字に表れてくると、「次はもっと頑張るぞ」といった気持ちに自然と傾くものです。

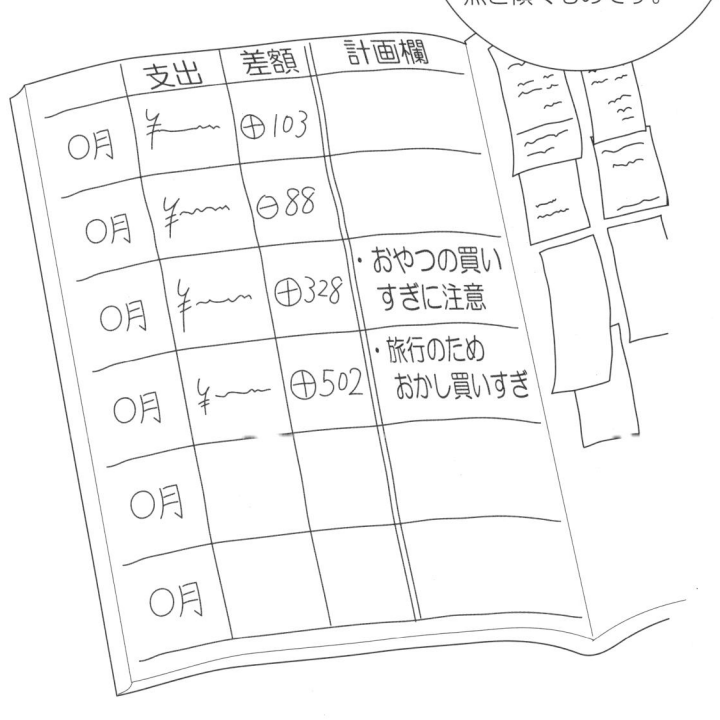

③家計簿のページに別枠を設けて、支出を減らす計画を「計画欄」として、自分の好きなように書き出してみましょう。次回のために、計画的な案を考えてみてください。

3・計画力（思考力）

3-5-a ③ 計画力（思考力）（訓練型アクティビティ）
旅行の計画を立てましょう

■旅行の計画を立てるためには、目的地、金額、交通手段など、たくさんの要素を条件に合うように組み立てる必要があります。旅行の計画には、高度な計画力が欠かせないのです。

「計画力（思考力）」を鍛えるための訓練型アクティビティ ……… 旅行の計画を立てましょう

計画力（思考力）を養うために、旅行の計画を立ててみましょう。P66に指示・課題を、P67にイメージイラストを掲載しています。**指示・課題に従って、条件に沿いつつ、できるだけお金をかけない旅行計画を立ててみてください。**

●指示・課題

【準備物（各自）】ガイドブック、旅行パンフレット・旅行雑誌、時刻表、電卓、紙（メモ帳）、筆記用具

【指示・課題①】
●目的地を決める（今、住んでいる所から半径100km以上離れていること
　　　　　　　…時刻表の走行距離欄などを参考に、おおよそで良い）
※時刻表、ガイドブック、旅行パンフレット・旅行雑誌などを参考にする

【指示・課題②】
●旅館を決める　※旅行パンフレット・旅行雑誌などを参考にする／一泊以上の旅行を計画しましょう

【指示・課題③】
●時刻表で交通アクセスを調べる（調べたら付箋などで印をしておきましょう）　※時刻表を参考にする

【指示・課題④】
●旅行パンフレットや雑誌、時刻表、またはインターネットなどを使ってできるだけ安い費用で行けるプランを立てる　※電卓で計算し、紙にまとめましょう

★「どこへいくらの費用で行くのか」を、全員に発表してもらいましょう！

①目的地を決める

横浜
京都
北海道

②旅館を決める

ホテル〇〇
〇〇旅館
民宿〇〇

③交通アクセスを調べる

東海道線
新幹線
飛行機

④費用を計算する

ホテル料金 XX,XXX円
新幹線往復 XX,XXX円
食事代……
拝観料……

民宿料金 X,XXX円
飛行機往復 XX,XXX円
バス周遊券 X,XXX円
食事代……

旅館料金 X,XXX円
乗車券 X,XXX円
観光タクシー……
食事代……

3．計画力（思考力）

3-5-b ③計画力（思考力）（目的型アクティビティ）
計画的に収納・整理をしましょう

■収納上手な人は、収納スペースを頭の中で想像し、空間を埋めるように上手にシミュレーションができているのだと思われます。

収納が上手にできるようになると、収納スペースはもちろん、部屋の無駄だった場所まで有効に使うことができるようになり、広々とした空間として生まれ変わらせることができるでしょう。出したらしまう、きちんとしまう場所を守る、といった基本的なことが大切です。日頃からさまざまな状況で整理整頓をする習慣を身につけましょう。

たとえばこんな目的型アクティビティ……計画的に考えて収納する

【準備物】
ダンボールなど収納用具、荷物など

① アクティビティを開催する側が、荷物を用意しておきます。ダンボール箱とそこに入る大小の荷物は何が適当か、考えてみて下さい。

①引っ越しの際の荷造りを想像上で行ないます。荷物はあらかじめ全部ダンボール箱から出しておき、物をどのような具合に入れていくか、想像を膨らませます。

② 壊れやすい物は上の方に置くなど、配慮を考えながら行なって下さい。

②実際に荷物を詰めていきましょう。

収納上手な人は、計画（思考）能力が高い

　整理整頓が得意な人と苦手な人がいます。この整理整頓にはいくつかのコツがありますが、最も大切なことは、「空間を計画的に埋めていく」という考え方にありそうです。

　物をいかに空間に無駄なく敷き詰めることができるか。空間の幅、奥行、高さを頭の中にイメージとして思い浮かべ、計画的に収納するようにしましょう。

　鍛えられた計画（思考）能力が、広くて快適な（居住）空間を提供してくれるはずです。

3・計画力（思考力）

整理整頓と計画力の向上

　整理整頓の目的は、必要な物をすぐに取り出せるようにすることです。不要品を思いきって処分し、必要な物をすぐに取り出せるよう、計画的に整頓してみましょう。

　また、下の2点は整理整頓のコツです。たとえばこういったコツを生かして、効果的に計画を組み立てつつ、機能的かつすっきりとした収納を心掛けてみてください。

・必要な物か不要な物か、適切に判断すること。不要品を処分することで物を探す手間が省け、無駄な動きを少なくする効果がある
・作業をする場所の近くに「収納スペース」を作る。例えばミシンがけを行なう場所の近隣に裁縫道具類やアイロンなど、よく使用する物をまとめて収納する、など

③全部入れ終えたら、隙間ができるだけ無くなるよう調整を行ないましょう。

第4章:「有酸素運動」による認知症予防アクティビティ

4-1-a 足踏みをしましょう（訓練型アクティビティ）

■有酸素運動の代表的なもの「ウォーキング」に繋げるため、足踏みを行ないましょう。万歩計を使うことで、取り組みの成果を把握でき、行動意欲を高めることができます。

「有酸素運動」の訓練型アクティビティ ……… **万歩計を使いながら足踏みする**

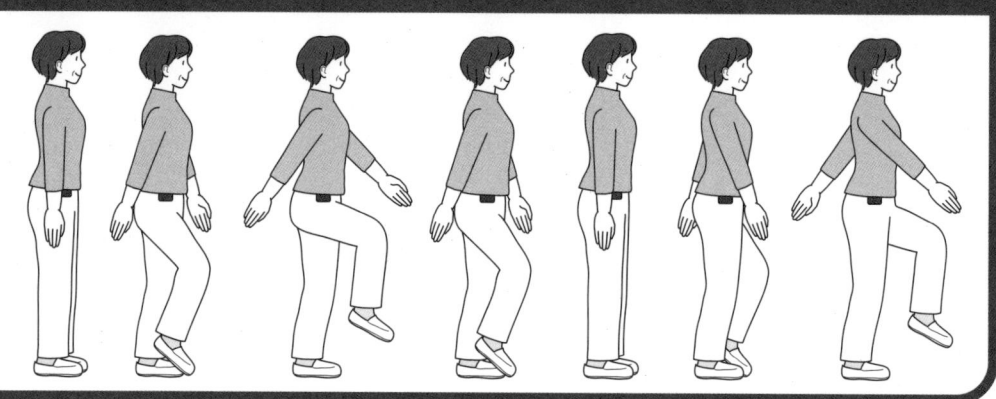

1キロマップウォーキングを行なう前に、万歩計を携えて足踏みを行ないましょう。P70・71の①②③の順に取り組みを進めてください。
有酸素運動は5～10分間、運動のゆるやかな持続が必須となります。

---

① 【準備物】万歩計、汗拭きタオル

①まずは万歩計の使い方を、リーダーがレクチャーします。

②

②全員が万歩計を身につけて、実際に歩いてみます。きちんと歩数がカウントされているか、確認しましょう。

③

③時にはリーダーが正しい行進の仕方（手足の振り方）を実演しながら、各々で自由に行進を行ないます。できるだけ手足をしっかりと振ってください。行進曲に合わせるなども良いでしょう。運動時間の目安は5〜10分です。行進後の、万歩計のカウントを確かめてみましょう。

4・有酸素運動

4-1-b ④ 有酸素運動（目的型アクティビティ）
1キロマップウォーキングを行ないましょう

■有酸素運動の代表的なもの「ウォーキング」は、脳の働きを活発化し、認知症予防に効果を発揮します。これを習慣化することによって、認知症になりにくい体をつくることができるのです。いきなりただ単に歩く、といってもなかなか難しいものがあります。ウォーキングの動機づけとして、1キロメートル先に目的地を設け、そこまで歩いてみましょう。普段は自転車などで立ち寄る場所かもしれませんが、歩いて向かうことで、これまで目に入らなかった景色や、初めて知った店など、新しい発見があるかもしれません。自分の街を改めて深く知る機会にも繋げたいものです。

たとえばこんな目的型アクティビティ……1キロマップウォーキング

【準備物】
地図（近隣の地図、またはそれをコピーした物）、筆記用具、定規（1キロ地点を測ります）、汗拭きタオル

【ウォーキングは1キロ＝約15分が目安】
●早歩きなら1キロ＝約10分
●普通の早さなら1キロ＝約15分
●ゆっくり歩くと1キロ＝約20分

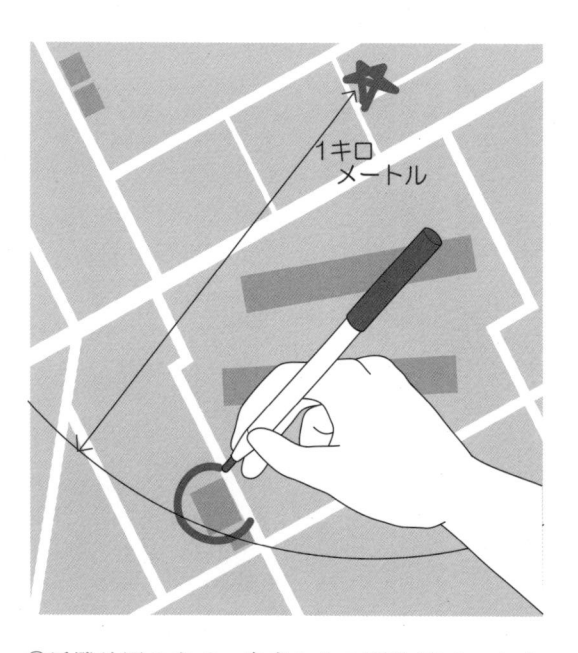

①近隣地図の中で、自宅からの距離が1キロになる地点にマーキングしましょう。よく行く店や施設などがあれば、そこを目指すようにするとよいでしょう。

②万歩計を携えて、マーキングした地点へウォーキングに出かけましょう。

活動習慣を定着させましょう

運動習慣、知的活動習慣は定着させることが大切です。認知症の発症を遅延させる効果を上げるため、原則として定期的に週1回以上は行なうよう心掛けましょう。

有酸素運動

有酸素運動を習慣化すると、脳の前頭葉や、海馬の血流と代謝が良くなります。また、脳の働きが活発になるので「記憶力」や「注意力」が向上することが確認されています。

例／ウォーキング

4・有酸素運動

③

目的地まで急いで向かう必要はありません。横断歩道など、車やバイク等に十分注意して、楽しくウォーキングを行ないましょう。

③目的地へ着いたら、万歩計の歩数を確認してみましょう。「万歩計手帳」を作るなどして、記録をしていくと、やりがいも出てきてよいでしょう。

4-2-a ④ 有酸素運動（訓練型アクティビティ）
グループで歩きましょう

■ウォーキングを楽しく行なうための工夫として、友人同士やグループなどで一緒に歩くことが挙げられます。楽しく会話をしながら歩くことで、時間はすぐに経ってしまうのです。

「有酸素運動」の訓練型アクティビティ……… グループでウォーキング

グループウォーキングを行なう前に、みんなで歩く楽しさを体験しましょう。P74・75の①②③の順に取り組みを進めてください。有酸素運動は5～10分間、運動のゆるやかな持続が必須となります。

①
【準備物】汗拭きタオル

①3人などのグループを作ります。グループのメンバーはお互いに距離を大きくあけずにウォーキングを始めます。

②

> 楽しく会話を弾ませながら行ないましょう。

②ウォーキングで爽快な汗をかくことで気分が昂揚し、会話が盛り上がるでしょう。

③

③5〜10分が経ったところで（その範囲で自由に決めてください）笛を吹くなど合図し、ウォーキングを終えましょう。参加者の状態によっては、1〜2分の休憩をはさんで、もう1セット行なうのもよいでしょう。

4・有酸素運動

4-2-b ④ 有酸素運動（目的型アクティビティ）
グループウォーキングを行ないましょう

■ウォーキングは健康はもちろん、認知症予防にとても効果のある取り組みです。特に天気の良い日には、友人などと誘い合わせて、普段は交通機関や自転車を使うショッピングセンターなどに歩いて訪れてみましょう。いつもの会話も、歩きながら話すことで気分が昂揚し、少し違った盛り上がりが見られるかもしれません。「有酸素運動」としては5〜10分のウォーキングで十分なのですが、その範囲を超える時間を歩いても問題はありません。ぜひ、普段は覗かない店に立ち寄ってみたり、行かない道を歩いてみたり、ちょっとした冒険気分で目的地まで向かってみてください。

たとえばこんな目的型アクティビティ……グループウォーキング

① 近隣のスーパーやショッピングセンターなどへ、3人程度のグループで買い物に出かけましょう。歩いて行ける範囲で考えましょう。

② グループで会話を弾ませながら目的地へ向かいましょう。

心臓病や膝の痛みのある人は…

　運動を始めるにあたって、心臓病や膝の痛みなどのある人はあらかじめ医師に相談し、どの程度の運動をすればよいかを確認しましょう。

　場合によっては、運動の処方箋をリハビリテーション医などに書いてもらうことを勧めます。

ウォーキングをより効果的にするための工夫

- 公園に立ち寄って自然に触れたり、周囲の変化や自然の移り変わりを感じながら歩く
- 単に歩くのではなく、行きたい場所や見たい物など「目標」を持って歩く
- 街中でのウォーキングなら交通機関も併せて使ってみるのもよい。商店街などで流行っている物や旬の食べ物は何か、など都度足を止めてみる
- 目的地まで行き風景画のスケッチをしたり、写真を撮ったり、季節や今の気分を俳句に詠んでみたりする

4・有酸素運動

③

程度な負荷（荷物の重さ）が、運動の効果をより高めてくれます。

③買い物の帰り道、可能な範囲で荷物を順番に持ち合うなども良いでしょう。無理はしないようにしてください。

4-3-a ④ 有酸素運動（訓練型アクティビティ）
段差台を上り降りしましょう

■段差台を使った上り降りを繰り返すことで、有酸素運動の効果とともに、バランス感覚を養うことができます。高齢者にとって転倒はとても危険です。転倒予防の観点からも、有用な運動です。

「有酸素運動」の訓練型アクティビティ……… 段差台を上り降りする

上り坂などで疲れないために、小さな段差台での上り降りで訓練してみましょう。P78・79の①②③の順に取り組みを進めてください。有酸素運動は5～10分間、運動のゆるやかな持続が必須となります。

①

【準備物】汗拭きタオル、段差台（10cm程度の物～／開催側が用意）

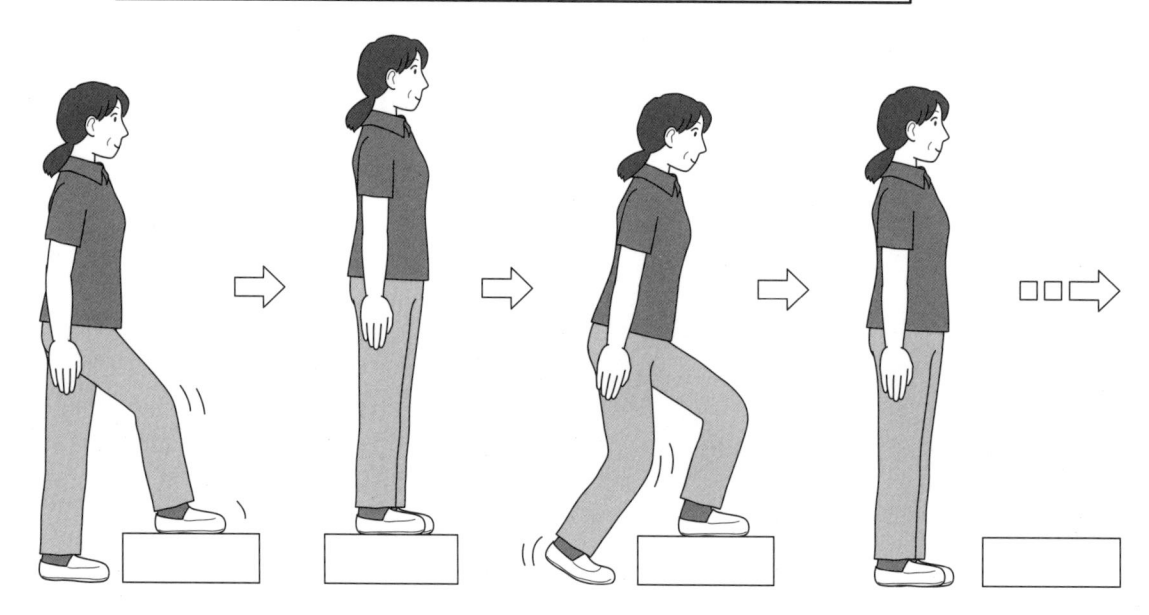

①段差台の上り降りを5～10分間、繰り返して行ないます。バランスを崩さないように注意して行なってください。

②

必要なら、水筒などを持参しておきましょう。

②1〜2分の休憩時間をはさみます。水筒などを用意しておいて、給水を怠らないようにしてください。

③

③もう1セット、段差台の上り降りを5〜10分間行ないます。自分のリズムを作って取り組みましょう。

4・有酸素運動

4-3-b ④ 有酸素運動（目的型アクティビティ）
展望台へハイキングに行きましょう

■展望台や高台など、見晴らしのよい場所へ友人たちとハイキングに行くことは、ウォーキングの展開運動になります。
　傾斜の急な階段を上るなどは、危険を感じるようなら控えてください。できれば緩やかな傾斜の多い高台や展望台などへ、歩いて訪れてみましょう。

展望台に着くと、眺めのよい景色と爽やかな風が、汗と一緒にこれまでの疲れも取り去ってくれることでしょう。
　また、目的地に着いたらシートを敷いて弁当を広げるなどして、景色を楽しみましょう。水筒は欠かさないようにしてください。

たとえばこんな目的型アクティビティ……　**展望台へハイキングに行く**

【準備物】
汗拭きタオル、地図（必要な場合）、弁当、水筒、シート

① ①緩やかな傾斜のある近所の観光スポットへ、友人などとハイキングに行きましょう。近隣に展望台などはありますか？

② ②傾斜を一歩一歩しっかりと踏みしめて、確実に展望台などの目的地を目指しましょう。

ハイキングの準備をする

ハイキングに出かける前に、自分自身が山の小道を歩いている場面を想像してみましょう。今の季節や天候は？ どのような場所・道の様子でしょうか？ 誰と一緒で何人で行動しますか？ 服装や持ち物は？

想像を膨らませておくことで、不備が事柄が少なくなるでしょう。

また、歩くためには靴が最も重要です。普段からの履き慣れた運動靴にしましょう。靴擦れの不安がある場合は靴下を厚手のものにしたり、予備にもう一足準備をしておきましょう。

ハイキングで汗をかき、リフレッシュ!

運動をして汗をかくことで、心地良い爽快感を得ることができます。汗と共に老廃物も排出され、体も心もきれいになります。身体の柔軟性や、代謝が良くなり、冷え性が改善されることもあります。

しかし、汗で衣類が身体に張りついたり、臭いがすると不快になります。ハイキングには登山用の専用シャツや下着などを取り入れるなどもよいでしょう。吸水性・速乾性があり、より気持ちのよいハイキングを楽しむことができるはずです。汗をたくさんかいた場合は、水分補給を忘れずに行ないましょう。

4・有酸素運動

③

お弁当などを各自で作って、持ち寄るのもよいでしょう。

③汗をかいた後の、高所からの眺めはとてもよいものです。弁当などを広げて、景色を楽しみましょう。

4-4-a ④ 有酸素運動（訓練型アクティビティ）
雑巾がけを行ないましょう

■雑巾がけを普段から行なっていますか？ 雑巾がけは、とても身近で、でもとても効果の認められる有酸素運動の一つです。濡れ雑巾でなく、負荷の軽いから拭きで構いません。

「有酸素運動」の訓練型アクティビティ……… ゆっくり雑巾がけ

雑巾がけは見た目より体に負担のかかる、負荷の高い運動です。無理をしないよう注意することが大切です。P82・83の①②③の順に取り組みを進めてください。**有酸素運動は5〜10分間、運動のゆるやかな持続が必須となります。**

①

【準備物】雑巾、汗拭きタオル

①まずは四つん這いになって、柔軟体操です。念入りに行ないます。

②

自由に雑巾がけを行なってみましょう。衝突事故に注意して取り組んでください。

②雑巾は乾いた状態です。膝をつけて構いませんので、ゆるやかに雑巾がけを行ないます。

③

前のめりになって、転倒をしないように注意しましょう。無理は禁物です。

○　×

③雑巾がけを5分程度続けましょう。廊下などを使うのもよいでしょう。

4・有酸素運動

4-4-b ④ 有酸素運動（目的型アクティビティ）

雑巾で床を拭きましょう

■雑巾がけは、腕、足腰、胸など、体中の筋肉を使います。見た目以上に負担の大きな運動なのです。その分、この運動を上手に生活に取り入れると、得られる効果も大きなものを期待できます。普段から雑巾がけを行なっていますか？

畳やじゅうたんでない部屋や廊下の床は、掃除機だけでは汚れが完全には取れないものです。雑巾でしっかりと拭いて、細かい目の奥や、角など隅々まで掃除をしてみましょう。

長時間の床拭きには注意をしてください。腰への負担がかかり過ぎない程度に、気軽に行なってみることがコツです。

たとえばこんな目的型アクティビティ……部屋の床を雑巾で拭く

【雑巾を自分で作ってみましょう】
市販の雑巾も安くて使いやすいのですが、要らなくなったタオルなどを縫って、自分で雑巾を作ってみましょう。

【雑巾はから拭きでも水拭きでも構いません】
雑巾はから拭きとしても水拭きとしても使えるところに、その便利さがあります。汚れの状況に応じて、上手に使い分けましょう。

①
①床を濡れ雑巾できれいに拭きましょう。

②
②部屋の隅々まで雑巾がけが行き届くようにしましょう。

用途に合った「雑巾の拭き方」

- 畳を長持ちさせるため、拭く時は「から拭き」にする。ひどい汚れの場合は、よく絞った雑巾で拭き、すぐにから拭きで拭き取るようにする
- 油汚れや油性ペンの跡をきれいに消すには、ミカンの皮や煮汁を使用する
- 電球や電気の「かさ」を掃除する場合、電源を切って熱が冷めるのをしばらく待ってからにする。かたく絞った雑巾で拭いた後に、から拭きをする

雑巾がけを行なう際のヒント

- 雑巾は使い古しのタオルを再利用するのが好ましい
- 縫い合わせないで適当な大きさにたたんで使用すると、きれいな面を多く使用することができる
- 雑巾を充分に絞るために、バケツの水がこぼれないよう「6分目」程度の水を入れるようにする
- 絞る際は横に向けて握るより、縦に握った方が水がはねない
- 拭く時はこまめにたたみ直して面をかえる
- 狭い場所や細かい部分を拭く時は、指に雑巾を巻きつけて拭くと良い
- 拭き終わった後、雑巾は水の中に沈めて「揉み洗い」をする。その後、流水で洗い、しっかりと乾かす

4・有酸素運動

③

窓のさん、廊下の隅、床の細かい目の奥など、掃除機だけでは届かない箇所を入念に拭きましょう。

③床以外にも、最近掃除の行き届いていない場所はありませんか？

4-5-a ④ 有酸素運動（訓練型アクティビティ）
自転車こぎの練習をしましょう

■自転車はとても有効な有酸素運動です。自転車をこがなくても、自転車こぎの練習方法はあります。いつでもどこでも取り組める運動として、ぜひ覚えてみてください。

「有酸素運動」の訓練型アクティビティ ……… 自転車こぎの練習

自転車をよりしっかりとこぐため、練習に取り組みましょう。P86・87の①②③の順に進めてください。

有酸素運動は5〜10分間、運動のゆるやかな持続が必須となります。

①
【準備物】汗拭きタオル

①床に座り、体の手前にロープを引く、または棒を一本横に置いてください。空中で足を前後に交差させます。

②

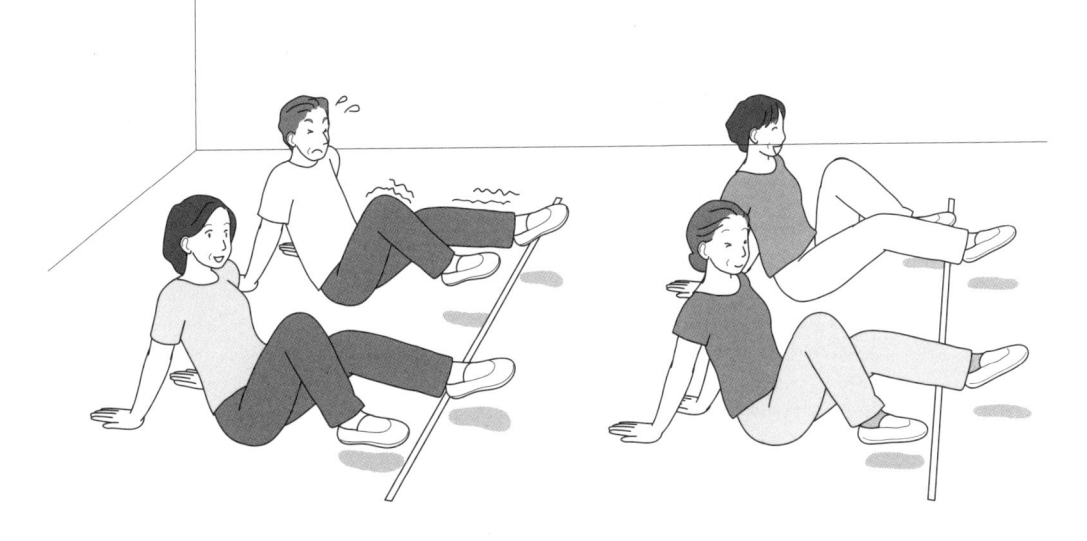

②5分程度持続させますので、ゆるやかに行ないましょう。例えば5回程度交差させて数秒休むなど、少しの休憩時間をこまめにはさむとよいでしょう。

③

会話を交えながら、楽しく行ないましょう。

③ペアで横に並んで、片足ずつをロープなどで結びます。二人三脚の要領で、①②の運動を行ないましょう。

4・有酸素運動

4-5-b ④ 有酸素運動（目的型アクティビティ）
自転車で出かけましょう

■普段はバスなどの交通機関を使う店や施設へ、自転車で出かけてみましょう。

自宅から2キロ先程度の地点は、自転車でちょうど15分を目安に到着できる距離です。意外と遠くまで出かけることができるのです。

その際、目的地までは安全なルートを選びましょう。

細い路地や交通量が多い道を行く際は、注意が必要です。

特に一生懸命こいで汗をたくさんかく必要があるわけではありません。よく晴れた風の強くない日には、気軽に太陽の下で自転車を走らせましょう。その習慣を身につけることが大切なのです。

たとえばこんな目的型アクティビティ……自転車で買い物に出かける

【2キロの地点】
2キロの地点は、自転車をゆっくりとこいで、ちょうど15分程度かかる距離です。有酸素運動のためには、適度な距離と言えます。

①

2キロメートル

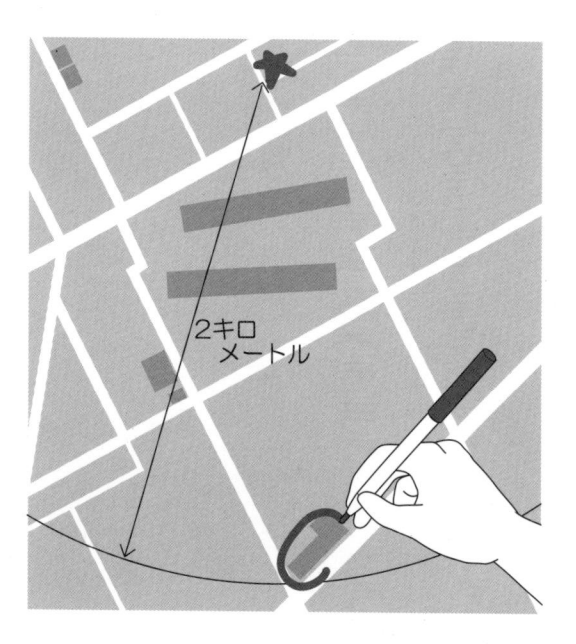

①地図で、自宅から2キロ付近の店や施設を探しましょう。

②

②そこで買いたい物や目的などを決めて、自転車を走らせましょう。

サイクリングの楽しみ方

　家の周辺や町並みを散策しながら楽に走ってみましょう。風を感じたい時は、高低差のない平野を走るようにすると良いでしょう。
　目的としてサイクリングとグルメを一体化し、「食べたいもの（料理店）」を目指して走ると楽しいでしょう。また、今まで入ったことのない路地や小道を行き、新しい発見などもしてみましょう。

自転車に乗る際のチェック事項

・タイヤの空気の確認、ブレーキの効き目、電燈の切れ、サドルの高さ、乗り心地など
・目的地の「自転車置き場所」の確保。駐輪所の有無
・天気（雨、気温、風など）
・裾の広がっていないズボンなど、自転車をこぎやすい服装。暑い日は汗吹きタオルや簡単な着替えなども用意する。ヒールやサンダルなどは履かずに運動靴を履く
・虫や砂などが目に入らないように、メガネやサングラスをしてもよい

4・有酸素運動

③

「買い物は自転車で」といった習慣を身につけることで、自然と、認知症予防につながるでしょう。

③2キロ程度の距離は、有酸素運動にちょうど良い距離です。自転車で外出をする習慣を、ぜひ身につけたいものです。

付録：事前事後評価 用紙フォーマット

ファイブ・コグの検査方法

■ファイブ・コグの検査は「手先の器用さを測るための『運動の課題』」と、「記憶機能などの認知障害に関連した『5種類の検査』」からできている、集団認知検査です。

【実施方法（所要時間：約40～50分）
／下記の順番で検査を進めていきます】
① ファイブ・コグ記録・回答用紙表紙
② 日常生活能力についてのチェック票
　（IADL［手段的日常生活能力］15項目）
③ ファイブ・コグのアンケート
④ 運動課題
⑤ 文字位置照合課題（例題）
⑥ 文字位置照合課題（単一課題）
⑦ 文字位置照合課題（並行課題）
⑧ 手がかり再生課題
⑨ 時計描画課題
⑩ 言語流暢性課題
⑪ 類似課題
※①～⑪はP92～95の記録・回答用紙の番号と同じです

【準備物（各人）】
ペンまたは鉛筆（HBより柔らかい物が書きやすいでしょう）、各検査用紙（指導者が次頁の記録用紙フォーマットなどをコピー、参加者に配布して下さい）

●運動課題（記録・回答用紙はP92④）

15秒間で数字にどんどん○をつけていき、描けた○の数を記録します。

①②③④⑤⑥⑦⑧⑨⑩
⑪⑫ 13 14 15 16 17 18 19 20

●文字位置照合課題（記録・回答用紙はP92・93⑤⑥⑦）

注意機能は「注意を集中し、いくつかの事柄に注意を配りながら物事を処理していく能力」を表しています。今回は、「上」「中」「下」の文字とその位置とが一致しているかどうかを判断しながら、その番号を順番に振っていくという作業を並行して行なう「位置判断」課題で測られています。

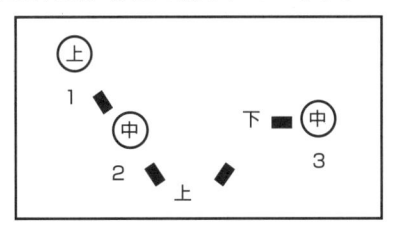

付録

●手がかり再生課題（記録・回答用紙はP93⑧）

記憶機能を測ります。「単語」と、それを思い出す際に手がかりとなる「分類の言葉」とを結びつけて覚えます。例えば、下のように「皿洗い」と「家事」を結びつけて覚え、思い出す時には「家事」としてどういう言葉があったのかを答えていただく形式の課題です。

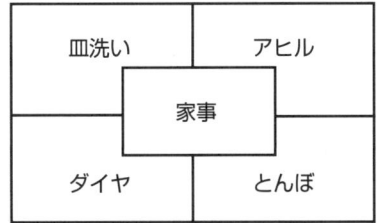

皿洗い	アヒル
家事	
ダイヤ	とんぼ

●時計描画課題（記録・回答用紙はP93⑨）

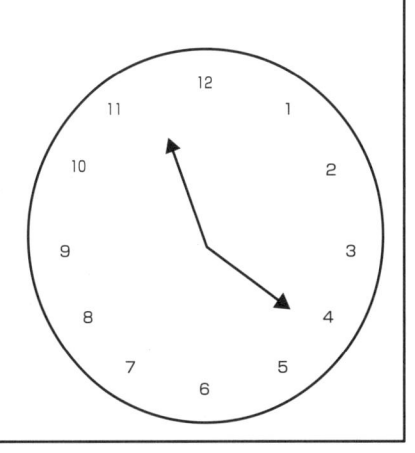

時計の文字盤の中に時刻を描き入れる課題で、視空間機能の測定になります。記憶機能なども関係しています。視空間機能は、図形などの視覚的刺激を処理する能力を表します。

●言語流暢性課題（記録・回答用紙はP93⑩）

話す時に適切な単語をどれくらい思い出せるか、ということを測るために、「動物名想起」課題を用います。ここで測られる能力は、言語機能のごく一部を表しているにすぎないのですが、多くの研究で用いられているものです。

「トラ、キツネ、タヌキ、ライオン…」

●類似課題（記録・回答用紙はP93⑪）

この課題は、「ルビー」と「ダイヤ」という言葉から「宝石」というように、共通する言葉を探す課題です。物事を理解したり判断する機能を反映していますが、特に抽象的思考と言葉の知識が関係しています。

「ルビー・ダイヤ」→「装身具？？？うん、宝石！」

※次頁から、各記録・回答用紙のフォーマットを掲載しています

「ファイブ・コグ」記録・回答用紙フォーマット

①ファイブ・コグ記録・回答用紙表紙

※以降①〜⑪までが、「ファイブ・コグ」の記録・回答用紙になります（②と③はP94・95に掲載／①〜⑪の順に行ないます）

No. _____　　　　　　　実施年月日　　年　　月　　日

　　　　　　　　　| ファイブ・コグ |

注意：指示があるまで中は見ないでください。

フリガナ
氏名 _____　性別　男 ・ 女　年齢　　　才

生年月日　明・大・昭　年　月　日　教育年数　　年　最終学歴　　卒

（〒　　—　　）住所 _____

電話番号　　　—　　　—

④運動課題

1 2 3 4 5 6 7 8 9 10 11 12 13 14 15 16 17 18 19 20
21 22 23 24 25 26 27 28 29 30 31 32 33 34 35 36 37 38 39 40
41 42 43 44 45 46 47 48 49 50 51 52 53 54 55 56 57 58 59 60
61 62 63 64 65 66 67 68 69 70 71 72 73 74 75 76 77 78 79 80

⑤文字位置照合課題（例題）

例　　　　　　　　　　練習

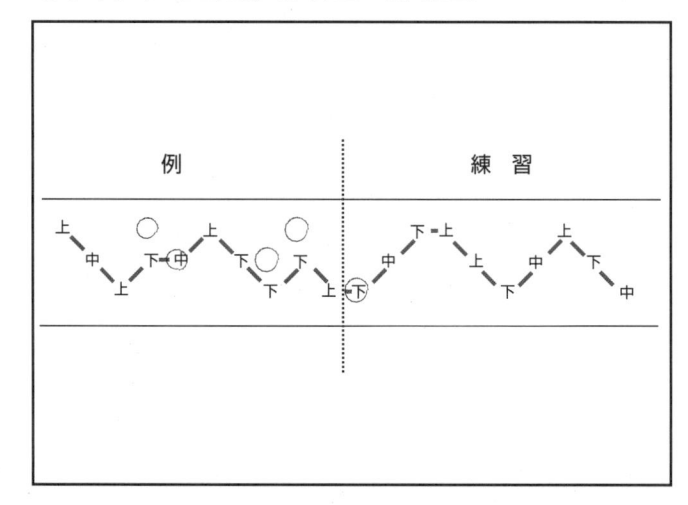

⑥文字位置照合課題（単一課題）

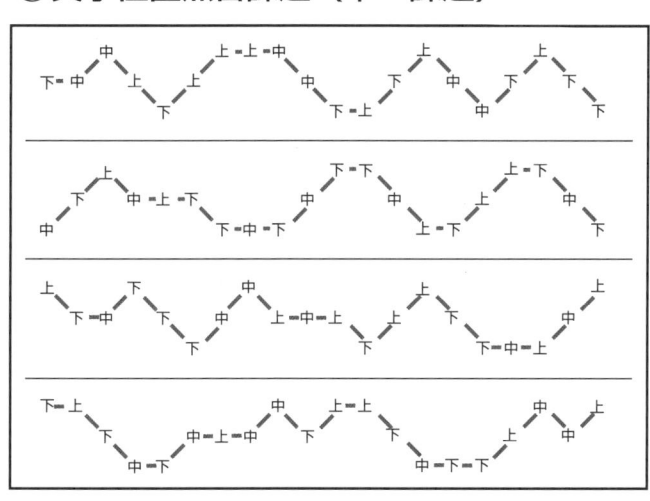

⑦文字位置照合課題（並行課題）

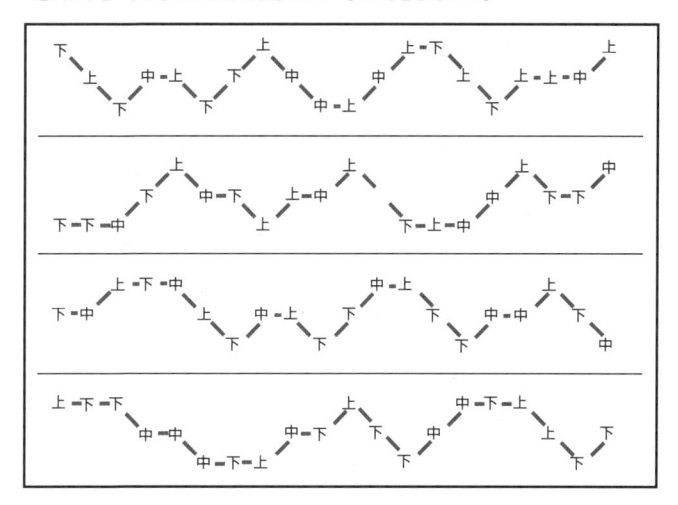

⑧手がかり再生課題

スポーツ	
花	
職業	
くだもの	
木	
魚	
国	
台所用品	

⑨時計描画課題

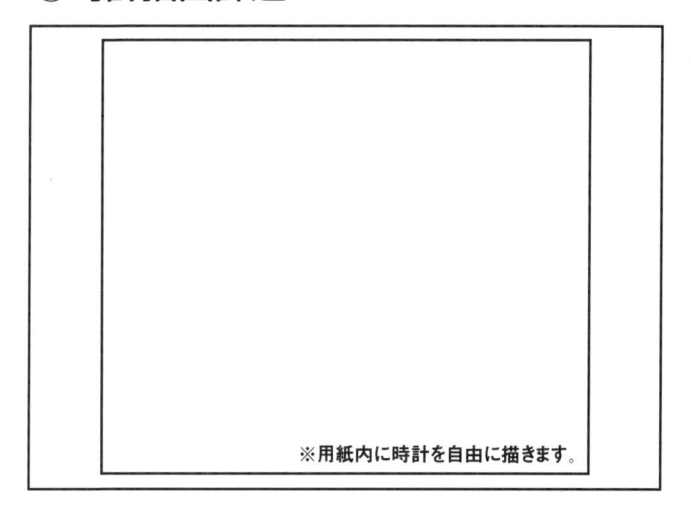

※用紙内に時計を自由に描きます。

⑩言語流暢性課題

1	11	21	31
2	12	22	32
3	13	23	33
4	14	24	34
5	15	25	35
6	16	26	36
7	17	27	37
8	18	28	38
9	19	29	39
10	20	30	40

⑪類似課題

下の例題を見てください。2つの言葉がならんでいます。
この2つの言葉に共通すると思われるひとつの言葉を書き入れてください。

例1	ルビー	ダイヤ	→	宝石

ルビーもダイヤも宝石ですから「宝石」と書きます。

例2	雨	晴れ	→	天気

雨も晴れも天気を表す言葉ですので、「天気」または「気象」と書きます。

それでは問題です。

1	父	母	→	
2	キャラメル	チョコレート	→	
3	赤	青	→	
4	ビタミン	タンパク質	→	
5	けんだま	こま	→	
6	札幌	名古屋	→	
7	キリスト教	仏教	→	
8	夏	冬	→	

9	上下	左右	→	
10	センチ	グラム	→	
11	国語	算数	→	
12	握る	歩く	→	
13	近い	遠い	→	
14	古代	中世	→	
15	画家	ピアニスト	→	
16	盆地	丘陵	→	

※P90・91に、ファイブ・コグの検査方法を掲載しています

②日常生活能力についてのチェック票（IADL［手段的日常生活能力］15項目）

各項目で「できる」に1点、「できない」に0点を与えます。7点以下をとる高齢者は軽度の認知症である可能性があります。しかし一方で、手段的日常生活能力は年齢とともに低下し、また教育水準の影響も受けますので、認知症予備軍をスクリーニングするには、それらの要素を考慮する必要があります。

平均的な教育年数であれば、65歳から74歳ではおおむね10点以下、75歳から79歳では8点以下が目安になります。地域によって知的能力水準に格差があり、知的に活発な人が多い大都市部では、平均すると1、2点のかさ上げが必要でしょう。

これも「ファイブ・コグ」に含まれます。

《日常生活能力についてのチェック票》

日常生活の中で、次のような行動ができるかどうかお答えください。ある項目について日頃していない場合には、**もしやるとしたらできるかどうか考えて、**お答えください。

①	自分で電話番号を調べて、電話をかけることができますか。	1.できる	2.できない
②	リーダーとして、何かの行事の企画や運営を行なうことができますか。	1.できる	2.できない
③	何かの会の世話係や会計係を務めることができますか。	1.できる	2.できない
④	ひとりでバスや電車を利用して、あるいは車を運転して、出かけることができますか。	1.できる	2.できない
⑤	見知らぬ場所へひとりで計画を立てて旅行することができますか。	1.できる	2.できない
⑥	薬を決まった分量を決まった時間に飲むことができますか。	1.できる	2.できない
⑦	貯金の出し入れや、家賃や公共料金の支払い、家計のやりくりなど、家計を管理することができますか。	1.できる	2.できない
⑧	日用品の買い物をすることができますか。	1.できる	2.できない
⑨	請求書の支払いができますか。	1.できる	2.できない
⑩	銀行預金・郵便預金の出し入れが自分でできますか。	1.できる	2.できない
⑪	年金や税金の申告書をひとりで作成することができますか。	1.できる	2.できない
⑫	自分で食事の用意ができますか。	1.できる	2.できない
⑬	自分で掃除ができますか。	1.できる	2.できない
⑭	洗濯物・食器などの整理ができますか。	1.できる	2.できない
⑮	手紙や文章を書くことができますか。	1.できる	2.できない

この「IADL（手段的日常生活能力）15項目」のチェックリストは自記式で答えてもらうことが可能で、スクリーニングのツールとしても有効です。また、この中の4項目は「おたっしゃ21」の項目としても採用されており、全体を通して重要な質問内容となっています。このチェックリストをアクティビティのためのツールのとして、みんなで楽しく取り組んでみましょう。そして、自分の日常生活能力の改善に役立てて下さい。

深刻な問題があれば、解決のための方法を全員で考えましょう。「私ならこうする、こうしている」という画期的な意見が出る可能性がありますし、また「私も同じ」といったような意見で問題を楽観視でき、決着することもあるかもしれません。

③ファイブ・コグのアンケート

　各項目の「はい」「いいえ」で当てはまるものに○をつけましょう。
　これも「ファイブ・コグ」に含まれます。

※以下のアンケートにお答えください
次の項目で、当てはまるものに○をつけてください。

①	ひとり暮らしである	1. はい　2. いいえ
②	平日はほとんど、日中5時間以上ひとりで過ごす	1. はい　2. いいえ
③	週に3日以上出かける	1. はい　2. いいえ
④	趣味や運動のサークルに参加している	1. はい　2. いいえ
⑤	耳は普通に聞こえる	1. はい　2. いいえ
⑥	普通の速さで歩くことができる	1. はい　2. いいえ
⑦	階段の上り下りができる	1. はい　2. いいえ
⑧	脳の病気（脳卒中・脳硬塞など）あるいは頭にけがをしたことがある	1. はい　2. いいえ
⑨	1年前に比べて、物覚えが悪くなった	1. かわらない 2. 少し悪くなった 3. かなり悪くなった
⑩	1年前に比べて、集中力が悪くなった	1. かわらない 2. 少し悪くなった 3. かなり悪くなった
⑪	1年前に比べて、仕事や家事の段取りが悪くなった	1. かわらない 2. 少し悪くなった 3. かなり悪くなった

付録

監修

財団法人 東京都高齢者研究・福祉振興財団

　高齢者医療及び福祉の向上と、利用者本位の"開かれた福祉"の実現に貢献することを目的として設立された。
　福祉情報の総合的な提供及び広報・普及啓発活動として、福祉関連出版物を多数発行している。

著者

東京都老人総合研究所 自立促進と介護予防研究チーム 認知症介入研究グループ 主任研究員

矢冨直美（ヤトミ ナオミ）

　茨城大学人文学部卒業後、東京都老人総合研究所精神医学研究員などを経て、現職。高齢者等のストレス、老人福祉施設の入居者のケア、高齢者の認知症予防を専門とする。
　厚生労働省認知症予防・支援研究班メンバー。

　主な著書：「現代心理学への招待」（共著、ミネルヴァ書房）、「施設介護の実践とその評価」（共著、ワールドプランニング）、「ライフスタイルと健康」（共著、医学書院）、「痴呆予防のすすめ方」（真興交易医書出版部、監修）、「介護予防完全マニュアル」（東京都高齢者研究・福祉振興財団、東京都老人総合研究所）。

協力

東京都老人総合研究所 介護予防緊急対策室 室長

大渕修一（オオブチ シュウイチ）

第3章「計画力（思考力）」ルート地図回答例

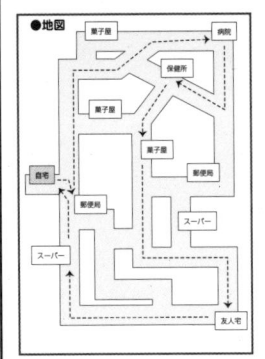

【P51】自宅→病院→保健所→菓子屋→友人宅→スーパー

【P55】出入口→シメジ→卵→小麦粉→トイレットペーパー6ロールセット→豚肉ロース→アイスクリーム→冷凍ホタテ貝→レジ

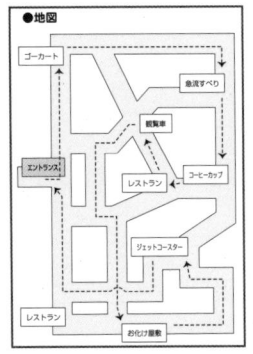

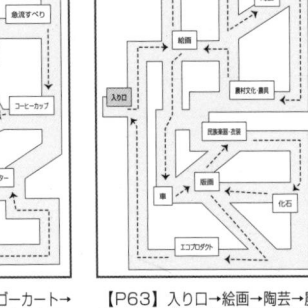

【P59】エントランス→ゴーカート→急流すべり→コーヒーカップ→レストラン→観覧車→お化け屋敷→ジェットコースター

【P63】入り口→絵画→陶芸→農村文化・農具→絵画→車→版画→民族楽器・衣装→化石→版画→エコプロダクト

ビジュアル版 介護予防マニュアル 3
楽しく続ける
認知症予防のアクティビティ

2006年7月　初版発行
2011年8月　6版発行

監　修　財団法人 東京都高齢者研究・福祉振興財団
著　者　矢冨直美
発行人　岡本　健
発行所　ひかりのくに株式会社

〒543-0001　大阪市天王寺区上本町3-2-14　郵便振替00920-2-118855　TEL06-6768-1155
〒175-0082　東京都板橋区高島平6-1-1　郵便振替 00150-0-30666　TEL03-3979-3112

ホームページアドレス　http://www.hikarinokuni.co.jp

印刷所　凸版印刷株式会社

Ⓒ2006　乱丁、落丁はお取り替えいたします。

Printed in Japan
ISBN978-4-564-43063-3 C3036
NDC369.263　96p　26×21cm